KUWEI
酷威文化
图书 影视

你可以成为一个有趣的人

苑哲 著

江苏凤凰文艺出版社
JIANGSU PHOENIX LITERATURE AND ART PUBLISHING, LTD

目录

CONTENTS

PART 2 如何找到自己的『趣味』点

PART 3 趣味思维训练——变有趣，很容易

PART 4 趣味沟通是一门大学问

PART 5 用有趣的方式面对不同的人

PART 6 感受被『有趣』填充的生活

PART 7 有趣比优秀更重要

PART 8

请相信，你可以成为一个有趣的人

前言：

每一个无趣的日子，都是生活的缺失

“幽默”为英文“Humor”的音译，百度百科中对此词的解释是：透过影射、讽喻、双关等修辞手法，在善意的微笑中，揭示生活中的乖谬和不通情理之处。林语堂先生也曾对幽默这个词做过专门的论述：“凡善于幽默的人，其谐趣必愈幽隐；而善于鉴赏幽默的人，其欣赏尤在于内心静默的理会，大有不可与外人道之滋味。与粗鄙的笑话不同，幽默愈幽愈默而愈妙。”

在我们的生活中，总是有人整天闷闷不乐。他们觉得人生无趣，时常对工作与生活失去激情，同时自身也变得麻木枯燥。实际上，幽默是趣味生活的添加剂。生活中存在幽默，关键是你能不能发现它，并且用幽默的语言来解释它。若可以，你的生活就会充满乐趣。

幽默是艰苦生活的调味剂。生活有时让人倍感艰辛，有幽默感的人善于作乐，用幽默作为艰苦生活的调味剂，鼓励自己克服困难，渡过难关。

幽默有助于日常生活中的交流。人存在于社会中，需要与不同的人交流。但很多时候，如果直接指出需要交流的问题，则会引起不快甚至是争吵。此时，幽默就是很好的替代品，一句搞笑的话就能转移双方的注意力。除此之外，那些倾向焦虑和忧郁的人更应该多讲笑话，与人交流。

幽默可以让人身心放松。笑有一种神奇的力量，能让人身心愉悦，放松大脑神经。当你使用语言传达幽默时，自主神经系统会让你的心脏得以放松。因此，对于长期处在紧张的工作和生活中的人们来说，幽默是放松心情的良药。

幽默可使人击溃内心的恐惧。一个人幽默的人，总会有积极乐观的一面，这样的人，对待事物的认知就会看向好的一面，任何恐惧都不会对他产生很大的影响。如果你是一个富有幽默感的人，即便遭遇灾厄，也不会为此纠结，而会付之一笑、处之泰然将其作为人生中一段特别的经历。

所以，一个人要学会以幽默的心态对待一切不愉快、以幽默的角度去看待一切的痛苦和挫折。这样，他的生活就会变得积极向上、充满阳光。

弗洛伊德曾言："笑话给予我们的快乐，是通过把一个充满能量和紧张度的有意识过程转化为一个轻松的无意识过程。"在幽默中，我们获得的不仅仅是笑容，还有很多物质所不能带来的东西。

本书将理论与案例相结合，为读者通俗易懂地讲解了幽默在生活中以及各种场合中所起到的作用，以及在各种情况下，如何运用幽默来赢得好感。希望每一位读者，都能在此书中找到快乐，并在案例和故事中学到：如何运用幽默成为无论在工作还是生活中，都能带来欢声笑语的人。让我们都做一个懂得欣赏幽默的人，让自己以及身边的每个人都快乐起来！

P A R T
O N E

PART 1 个体差异：为什么你总是无法活跃气氛？

· 意料之外，顺水推舟

突如其来的灵感，一语点破天机的思维转向，以及天马行空般的想象力，都会让人由衷地欢笑。可是若想学习幽默的艺术，就要掌握“转危为安”的方法，也就是与他人交谈时转变局势的能力，这是最为关键的地方。

人们常说：“不经意的回眸一瞥才最动人，出人意料的惊喜才最令人陶醉，突发的幽默最难得。”倘若说幽默无处不在，那是因为生活无处不在。只要存在对话与场景，会运用幽默的人就有“平地起高楼”的本事。

下面这个故事非常有趣。

有三位零售商在同一条商业街上租了相邻的店铺，并互相争抢生意。右边的店铺老板树了一些巨大的招牌，标着“大减价、最便宜”，而左边的商店紧跟着挂出更大更多的招牌，嚷着“大削价”，等等。

那位中间的老板却只在自己的店门口挂了一个招牌，上面简单清楚地写着“入口处”。

那位中间的老板的举动，体现了清醒的思维，他知道自己的目标是什么，并能巧妙利用对手的基础，将计就计设计了自己的幽默蓝图，而且在最大限度上实现了自己的目的，实在是高明至极。

这种急中生智的智慧不但对竞争者有用，当意外情况发生时它还是最优秀的“救生员”。比如一个人遇到对手的故意刁难时，或者被缺乏自知之明的人讽刺时，又或者当众跌跤陷入窘迫境遇时，都应该冷静思考，是否有那足以让自己重新站立的一寸之地。

在国外流传着一个令人发笑又令人深思的幽默故事。

汤姆去找上帝：“伟大的上帝啊，您能告诉我，一千年对您来说意味着什么吗？”

上帝回答：“它只意味着一分钟。”

汤姆继续问：“那万能的上帝，一万枚金币对您来说，意味着什么？”

上帝回答：“它只意味着一枚小硬币。”

汤姆："啊，仁慈的上帝，那就请给我一枚小硬币吧！"

上帝答应了他的要求："好吧，可怜的人，不过你要等一分钟。"

无论是面对生活还是竞争，想赢其实很容易。因为事物都有辩证的两面性，所有思维与计策都存在漏洞，我们只要具备足够的机智，善于将计就计，终将获得最后的胜利。

· 难得糊涂

生活中，一个人太精明并不一定是一件好事。我们应该明白，太精明，在别人看来就是犯傻，忍耐有时候就是装糊涂，凡事不能表现得太聪明，这样反而对事情有利。古人云："水至清则无鱼，人至察则无徒。"确实是这样，一个人若是过分表现出精明强干的一面，可以说是一件坏事。不管是做事还是做人，假装迟钝一点儿，糊涂一点儿，往往会比太聪明的人活得更智慧。在平时的交往中，哪怕是面对他人的攻击，我们也需要适时装糊涂，避重就轻，轻轻松松地消除彼此之间的尴尬。装糊涂是忍耐的一门大学问，简单来说，就是自己心里明白，却不戳破那层窗户纸，这就是做人的一大智慧。

面对他人的攻击，揣着明白装糊涂，学会弯腰低头，是一种做人之道，更是一种生存之道。如果你的反应过于激烈，过于直接，会造成"大动干戈的局面"，这也正是交际中的大忌。不管他人是尖酸刻薄，还是不怀好意，我们都需要忍耐，适时装糊涂，幽默面对。巧妙地装糊涂不但能给双方的关系涂上润滑剂，从而建立和谐友好的情感链接，还能使整个场面变得轻松愉快。所以，装糊涂才是一种真聪明，才能显示出真智慧。可如果你太在意别人的言语，恶语相向，那必将使整个场面陷入僵局。

萧伯纳的戏剧一直很受人们的欢迎，尤其是《武器与人》。一次，《武器与人》这部剧演出结束后，观众强烈要求萧伯纳也到台前。在掌声中，萧伯纳走到台前，向观众鞠躬谢幕。可就在这时，忽然一位坐在前排的观众大声地说道："这剧糟糕透了。"场面瞬间寂静。但萧伯纳没有愤怒，他微笑地看着这位观众，说道："我非常同意您的意见。但是……"萧伯纳耸了耸肩，"我们俩反对这么多人，没有用啊！"台下又立刻响起了雷鸣般的掌声。

面对无礼者的言语攻击，萧伯纳并没有正面回应，而是巧装糊涂，避其锋芒。而且，在回答对方时无论是温文尔雅的举动，还是那半开玩笑的言辞，都显示出萧伯纳的修养和风度。

俗话说："常在河边走，哪有不湿鞋。"在生活中，谁都免不了会遇到一些意想不到的事情，如果处理不好，着实使人尴尬万分。遇到这种情况时，想要化解难堪的最好方法就是：假装糊涂、幽默应变。

杰瑞自称是一个很好的猎手，常常向朋友自夸他的枪法神准。一天，他的一位朋友约他一起去打猎。当他们来到河边时，朋友看到河里有一只鸭子，大声对他说道："鸭子，赶快射击。"

杰瑞赶忙举枪射击，伴随着枪声，只见鸭子并没有应声倒地，而是飞走了。杰瑞纳闷地看了看枪，又看了看那片没有鸭子的河，说道："嘿，伙计！我还是第一次看到会飞的死鸭子。"

谁都知道死鸭子是不能飞的。杰西借糊涂掩饰自己没有射死鸭子的事实，荒诞中不失俏皮，用一句话使自己摆脱了窘境。

从表面看，"糊涂"一词是贬义，但它其实有很多深意，除却糊涂愚钝、不甚精明，它还蕴含有大智若愚的意思。在幽默的国度里，只要运用得当，"糊涂"也可以展示一个人的大智若愚。

巧装糊涂，不仅能使自己摆脱尴尬处境，同时也能给对方营造轻松的氛围，从而使气氛变得更加和谐，更有利于沟通。装糊涂的幽默和平和的人生态度是生活中不可或缺的元素。一个人是否懂得忍耐，也是对其的一种观念、一种素质、一种能力的体现。巧装糊涂，既可以给人们带来轻松的笑意和愉悦的心情，帮人化解危机，应付窘境，又能使人们以更轻松、包容的心态看待人生。

木秀于林，风必摧之。如果我们的能力太强，别人就会减少或失去表现的机会。在这种情况下，他难免会对你说几句刺耳的话语，对你保持戒心。倘若我们巧装糊涂，不那么盛气凌人，那肯定会打消防备。如果我们表现得过于强势和直接，对方有可能对我们产生敌意。在这种情况下，我们装傻充愣，主要是为了保护自己，避免让自己处于危险的人际关系之中。

· 分场合有趣

民间有谚："见什么人说什么话，到什么山唱什么歌。"幽默也是如此，在什么场合就要用什么方式表达幽默。要巧妙利用场合与氛围，使谈话的意图、内容与场合气氛协调一致，这样易于被对方理解、接受。

适当的时机与场合是影响谈话成功的重要因素，我们要在实际情况许可的前提下，让自己的谈话与场合气氛相一致。尤其在约会、洽谈生意等重要的人际交流活动中，要优先考虑时间、地点。

一新人歌手在一次演唱比赛中夺得冠军。在主持人问他此时此刻有怎样的感受时，他说道："今天我获得了冠军很高兴，因为我'赌'赢了奖金，也'赌'到了名声。"这个"赌"字一出口，全场一片哗然，嘘声不断。

这种不看场合的说话方式，会给人一种粗俗浅陋的感觉，故而这位“新秀”的形象也会在大家的心中大打折扣，甚至还会让人质疑他的参赛动机和人格品质。

由此可见，在公众场合，谈吐一定要注意周围的环境，掌握好分寸。

幽默是处理人际关系的一剂良药，得体的幽默不仅能消除误会、化解矛盾，还能让人迅速摆脱困境，避免尴尬。

幽默除了要重视场合，还要善于利用场合，并根据当时的整体形势做出应对，以营造出和谐的交流气氛。

假如在一些严肃的场合，说者一本正经，听者也一本正经，就可能会给人一种强烈的压抑感。此时，一个适时、恰如其分的诙谐段子，则能很好地缓和略显沉闷的气氛。

但要注意不要总以自己为中心，避免让别人感到不快或是备受冷落。要知道，聚会是你的社交，同时也是别人的社交，因此也要给别人留有表现的机会。

· 毒舌≠有趣

当我们拿别人的隐私开玩笑时，不仅不会使人觉得有趣，反而会给别人造成伤害，甚至还会让自己陷入危机。

谁都有自己的秘密，都有一些藏在心里不愿让人知道的事。所以，当和朋友、同事闲聊时，即使你们感情再好，也不要揭别人的伤处，或是将别人的隐私公之于众，更不能以此当笑料。要知道，当你说出了别人的隐私，可能是说者无意，但听者有心。这样就会给自己树立一个潜在的敌人。

一个茶馆的老板刚结婚两个月，就生了一个大胖小子，为此邻居们赶来祝贺。老板一个要好的朋友高梓也来了，他送的礼物是纸和铅笔。老板谢过之后，就问："高梓，给这么小的孩子送纸和笔，不是太早吗？"

高梓说："不会的，您的孩子很性急。本该九个月才出生，但他偏偏两个月就出世了，六个月以后，他肯定能去上学，所以我才提前给你准备了纸和笔。”话刚说完，人们都大笑起来，茶馆老板夫妇则无地自容。

这位朋友调侃别人的隐私已是不对了，何况还选在一个公众场合揭别人的短。或许他是无意间这么做的，但这样随意的调侃，很可能会让他失去一个多年的朋友。

其实像高梓这样的人还有很多，他们总喜欢将调侃别人当成一种乐趣。就许多模范丈夫来说，对妻子服服帖帖，本来就是夫妻双方你情我愿的事，但偏偏就有一些无趣的人喜欢将此事当作谈资，完全不顾及别人的面子。

一群人在闲聊。

A:“C，能说说你是怎么当丈夫的吗？”

B 插嘴道:“那可真是‘三从四德’啊！”

A:“真的？”

B:“千真万确，所谓三从就是：太太出门跟从；太太命令服从；太太说错盲从。四德（得）则是：太太化妆等得；太太生日记得；太太打骂忍得；太太花钱舍得。”

顿时，C 被气得说不出话来。

很明显，B为赢得一些廉价的笑料，不顾C的面子进行调侃，这无疑是对C的一种伤害。同时，这也显得B缺少教养，对他自己的形象也是一种伤害，只是B暂时还感觉不到这种伤害罢了。

另外，工资也属于个人隐私。因为不同的人干不同的工作，获取工资多少，不单是个人能力高低问题，也会有不同的工作价值取向在里面。而只以工资多少来看人，只能反映出这个人对工作价值理解的浅薄。

一群人在沙滩上玩乐。这时王某抓起一把沙子，笑着对大家说："你们看这沙子就像小杨那微薄的工资一样，不管他抓得多么紧，总会从手指缝里漏出去，最后就只剩那么一点。"众人听后大笑，而小杨的脸色却十分难看。

王某这种拿别人隐私来幽默的做法，很可能会让小杨的自尊心受到伤害。因为，幽默也是会伤人的，尤其是在涉及别人的隐私和缺点时。所以，当我们说幽默话的时候，一定要拿捏好度，千万不能拿别人的隐私开玩笑，不能伤害别人。

· 有趣中蕴含的自信

一个人虽然决定不了自己的样貌，却可以让自己富有幽默感。因为懂幽默的人，通常善解人意，而且幽默的人，也都有很高的智慧。这样的人，比样貌美丽的人更受人欢迎。这种类型的人热爱生活，懂得运用自己的方式应对各种困境，懂得用微笑来使自己放松，懂得用智慧让自己变得更具魅力。

幽默的语言是一个人的涵养最好的外在表现。在与他人进行交流与沟通的过程中，幽默可以起到很好的作用，比如，幽默可以激发对方的愉悦感，使对方感觉轻松、愉快、舒畅。在这种轻松活跃的气氛当中，人们可以更好地进行感情交流，因为各种原因而造成的隔阂也会消失得无影无踪，让大家在欢声笑语中拉近彼此的心理距离。

一天，小周带儿子到公司来玩，那孩子特别调皮，来到办公室就玩上了电脑，没想到几秒钟的工夫就把电脑的鼠标摔坏了。小周十分生气，抬手就给了孩子响亮的一巴掌。这时四十岁的张姐噌的一声跳起来，指着小周大声说道："你干什么？为什么要打孩子？"

张姐的这一声怒吼，让整个办公室的人都蒙了。而小周面子上更挂不住了，心想：我打我儿子，你干什么在那里一惊一乍的。这时张姐又继续说道："你知道这一巴掌的严重性吗？这孩子本来是当科学家的料，你这一巴掌，把好端端一个科学家给打没了。"大伙儿听完张姐的话后，哄堂大笑，小周也低下了头。

这件事过去后，张姐和同事聊天时说道："我是看不得别人打孩子。但当时话一说出口，我就后悔了。人家管教自己的儿子，我干吗发这么大脾气。于是赶紧来了个脑筋急转弯，化解一下尴尬。"

在这个案例中，如果张姐当时只说了前面那句话，那小周肯定会气得大骂起来，毕竟着急的张姐确实说了一句冒失的话。不过，好在幽默的张姐急中生智，说出了后面的那句话，不仅化解了难堪，而且使办公室重新回到了和谐的状态，自然，这样对于提高工作效率也是很有帮助的。

擅长运用幽默的人，更容易让人喜欢；擅长表达幽默的人，更容易令人欣赏。懂得幽默的人，很容易与别人保持和谐的人际关系。在现实生活中，经常会出现一些让人斗得头破血流却也解决不了的问题。在这个时候，倘若适当地来一点儿幽默，反而能化干戈为玉帛，顺利地将事情解决。

另外，幽默还可以很好地显示一个人的自信，增强一个人取得成功的信心。要知道，有些时候，与能力相比，信心更加重要。面对艰难而曲折的生活，有些人很容易失去自信，放弃自己的奋斗目标。倘若能够用幽默的态度来对待挫折与磨难，那么人往往能重新振作起来。

在这里，需要特别注意的是，幽默不是不懂分寸的耍嘴皮。幽默应当合乎人情事理，在引人发笑的同时给人以启迪。当然，要想做到这一点，就需要具备一定的素质与修养。

幽默风趣的谈吐可以看作是一个人的思想意识、聪明才智以及心灵感悟在语言运用过程中的结晶。其作用主要体现在以下几个方面：

1. 营造轻松的氛围

在公共场所或者自己的家中，如果出现了一种非常窘迫、尴尬的场面，就可以用超然洒脱的幽默，让这种局面在大家的欢声笑语中消失。

2. 让人转败为胜

幽默是一个人的智慧和知识的综合运用。当一个人四面楚歌，处于非常危险的境地，或遭受他人非难的时候，幽默能够帮助他化险为夷，转败为胜。

3. 高尚的情操与达观的人生态度

有人说："幽默属于乐观者，幽默属于生活中的强者。"确实如此，幽默是以一个人高尚的情趣和健康的思想为基础的。若是一个心胸异常狭窄、思想非常颓废的人，是不可能成为幽默的人的，同样，这样的人也不会具有幽默感。只有那些乐观自在，情操高尚的人，才会在遇到不如意的事情时泰然处之，幽默待之。

4. 良好的文化素养与表达能力

一个人的幽默谈吐与其自身的聪明才智有着非常密切的联系。所以，如果你想要成为一个懂得幽默的人，就应当具有良好的文化素养以及丰富的文化知识。倘若一个人很了解古今中外、天南地北的各种历史典故以及风土人情，而且还有较强的表达能力，那么这个人必然可以说出生动、活泼、幽默的语言。纵观古今中外，那些有名的幽默大师，绝大多数都是语言大师。幽默不等于矫揉造作，而是非常自然地流露。正所谓"我本无心讲笑话，笑话自从口出"。

然而，如果想要培养幽默感，那么，就必须先培养提高自己的幽默心理的能力，因此，一定要注意下面几点：

1. 仔细观察生活

如果你想要口吐幽默，就必须先观察生活。而且，在对生活进行观察，寻找喜剧素材的过程中，一定要认真仔细，并且学会变换视角去发掘、积累想要的素材。

2. 认真学习幽默技巧

幽默并不是一个人天生就有的，而是在后天通过学习而得来的。很多关于幽默的书籍以及前人的经验都可以为我们提供很好的范例，值得我们认真地研究借鉴，为自己所用。

3. 勇敢地表达幽默

一个人的幽默能力，只有在其表达幽默的时候才能得到检验与提高。如果想要成为一个幽默的人，就必须积极主动地去实践。因此，当你学习了一段时间之后，可以选择一个适当的场合，针对一个恰当的对象，来展现自己的幽默技巧。

· 管理者：懂有趣更要懂“品格”

身为管理者，一定要有良好的品格。如果管理者没有品格，即便他在某些方面才华横溢、能力超群，也无法做好一个管理者，更不配领导一个企业前行。

具有这种优秀品质的管理者不但时常要求下属一丝不苟，也严格要求自己工作认真；他建立高标准，也期望下属能够始终保持高标准……这种管理者也许看上去冷酷、不讨人喜欢、要求严苛，但是他培养了很多人才，也因此会比其他人缘好的上司赢得更多尊敬。

海尔集团的张瑞敏曾说过：“管理者要是坐下，部下就躺下了。”优良的示范是最好的说服。以身作则的目的，就是通过管理者的示范作用，来让公司的员工完全遵从公司的规章制度。

2007 年，温州商界邀请柳传志去参加商业交流会。可是，在交流会的前一天，温州突降暴雨，柳传志乘坐的飞机只好在上海降落，当时温州商界的负责人对柳传志说："您明早再乘机前往交流会现场吧。这样的天气出发太危险了！"但是，柳传志担心明天飞机会再次出现延误，便自己做主，找到了一辆车，连夜赶往温州。

终于，在第二天早上六点，柳传志到达温州，并按时出现在了会场，温州商界的负责人被柳传志的行为深深感动了。

事后，很多采访者都向柳传志询问此事，柳传志却笑着答道："诚实守信是联想的文化底蕴，谁都不能破坏它。作为联想的领导者，我只有率先做出表率，我的员工才知道该怎么做。"

在第九届中国企业"未来之星"年会上，柳传志说道："以身作则是说服他人的唯一途径。因此，企业领导者只有以身作则，才能管住员工。"

在联想集团，柳传志曾明确规定："员工的子女通通不允许进入联想集团工作。"

柳传志为什么会做出这样不近人情的规定呢？他解释道："如今身居联想集团高位的领导者，他们的子女中有 80% 以上学的都是和计算机有关的专业。如果把这些人安排到公司里来，那么家和企业就真的无法有效区分了。"

为了服众，柳传志率先做出表率。他不仅没有让自己的子女来联想集团工作，对自己的亲戚也是如此要求。

正是在柳传志的影响下，联想集团管理层都打消了引荐子女入职的念头。

企业领导者的表率作用是非常大的。如果高层领导做出了破坏制度和规定的事情，就会给下属犯错找到一个绝好的借口。这样一来，企业的内部管理很可能就会陷入混乱。

罗曼·罗兰曾说过：“人要提高自我修养必须通过自我反思。只有懂得自我反思的人才有资格去影响别人。”

这一道理同样适用于企业领导者，企业领导者只有先管好自己，才能影响员工。如果领导者放任自己，做事随心所欲，那么员工也会随性而为，这显然是不利于企业发展的。

英国有一句谚语：“好人的榜样是看得见的哲理。”一个优秀的榜样，能够为其他人树立学习的典范，就像茫茫大海中的灯塔，为轮船指明前进的方向，使其不至于迷失在海中。同样，一个管理者如果不能以身作则，为下属树立良好的榜样，往往会导致“上梁不正下梁歪”，使企业走向衰败。所以，管理者首先应该做好自我管理。

管理者的品格也许很复杂，但是一定要优秀，这样的管理者才能成为下属的标杆，才能对下属产生一种无法比拟的魅力。

1994年，英特尔公司已是年营业收入上百亿美元的全球最大芯片供应商。此时的英特尔公司正在研发最新一代的“奔腾”(Pentium)处理器，即将投入市场。

由于市场一致看好英特尔新一代处理器，加上公司密集的宣传活动，英特尔公司股价暴涨。但就在英特尔公司的管理者们为股价的升值欢呼雀跃的时候，有关“奔腾”处理器浮点运算有瑕疵的传闻出现在互联网上。最初英特尔公司的高级主管（包括格罗夫在内）并不是很在意。格罗夫认为，虽然芯片存在瑕疵，但并没有想象中的那么严重，每九十亿次运算才会出现一次四舍五入误差。也就是说，要用两万七千年才可能发生问题。

正是格罗夫的这种不负责任的态度，成了各大媒体争相报道的要闻，导致了大多数消费者（用户）的不满，结果投诉电话排山倒海而来，简直要轰垮整个英特尔的办公大厦。

在媒体和消费者的压力下，格罗夫只好承认奔腾处理器确实存在瑕疵，但他认为并不碍事，于是他写了一份澄清宣言贴到网上，详细说明奔腾处理器的微小瑕疵并不会对产品质量带来多大的影响。格罗夫的这种行为激怒了消费者，他们怒气冲天地要求退换芯片。同时，IBM公司决定停止出售配有奔腾芯片的电脑，这对英特尔犹如晴天霹雳。此时，格罗夫才意识到，只有实事求是、有错就改才能解决公司的危机。于是英特尔立即宣布全面召回产品，回收更换了数十万芯片，这才渡过这次的重大危机。

诚实是管理者最优秀的品质之一，一个对市场、对员工不讲求诚信的管理者只会受到市场、员工的抛弃。

有能力的人很多，但是能成为领导者的人却很少，因为如果缺乏优秀的品格，即使他的能力再出色，人们对他的印象也会大打折扣，他的威信和影响力也会受到影响。所以德鲁克再三强调：领袖魅力来源于工作能力和个人品格。

PART
TWO

PART 2 如何找到自己的“趣味”点

·“借代”式有趣法

其实，幽默本身就是玩文字游戏，而中国文化博大精深，即便同一个字、同一个词，在不同的情境中所表达的意思也是不一样的。因此，有一种幽默就是纯粹玩弄文字修辞，这样所展现出来的幽默是合情合理、出人意料的。在生活中，有的人说话比较啰唆，其实，假如啰唆的语言表达方式符合情境要求，那也可以变得幽默起来。啰唆，在修辞学上，跟修辞格中的反复手法是类似的。比如，电影里的某句经典台词“人是人生的，妖是妖生的”，这样的话很啰唆，却起到了搞笑的作用，在周星驰的电影中经常使用到这样的文字修辞，以此达到幽默的效果。

有一对青年夫妇，结婚几年还没有孩子，两人都非常苦恼。一天，他们在路上碰到老同学，说话间，老同学的儿子突然发问：“阿姨，妈妈说要把你的儿子给我做干弟弟，我什么时候才能见干弟弟呢？”

面对小朋友的问话，妻子十分为难，答吧，不知道怎么回答？不答吧，又下不了台。这时，丈夫灵机一动，答道：“不在今年，就在明年；不在明年，就在后年……”几句啰唆话，不但帮妻子解了围，还也没有使小朋友失望。

在生活中，我们经常会说某人说话很绕，假如在他的语言表达中还经常营造出一种幽默感，那他就是在故意啰唆了。本来只是一句简单的话，但他就是不想以简单的语言表达出来，而是绕过来，绕过去，结果让人听后更糊涂，甚至，有时候还会让人初时不解其意，过后忍俊不禁，这就是啰唆带来的幽默。

通常情况下，我们是不主张啰唆的，因为重复的描述只会让人心生厌恶。然而，在不同场景、对象中，组织语言时适当啰唆，会增强语言的表达效果。比如，在一些送别、欢聚的场所，适当啰唆一下，反而让人倍感亲切，让人感受到你对某件事情的重视。

杰克长得又矮小又丑陋，当他发现有人嘲笑他的时候，就会怒不可遏。

有一次，杰克正坐在饭馆里，进来了三个外国人，一位女士和两位先生，他们在旁边的一张桌子边坐下。杰克抬头一看，发现那位女士正和同伴耳语，那三个人打量了他一番便咯咯地笑了起来。

杰克的脸涨得通红，默默地取出速写本，认真地画起画来。他一边画着一边不时地望着女士的眼睛，致使那位女士有些慌乱。她发现她刚才嘲笑过的邻座正在给自己画像，心里很不自在。

杰克并没有被她的目光扰乱，而是满不在乎地继续画画。突然，其中一个男士朝他走过来说："先生，我不允许您画这位女士。"

"哎呀，这哪里是一位女士呢？"杰克心安理得地说道，并且把速写本递给他看。只见那位先生道了声"对不起"，便回到同伴那里去了。原来杰克画的是一只引颈高叫的肥鹅。

这个男士似乎不知道"鹅"在德语中有一层骂人的意思，意为"蠢女人"。

在这里，杰克逊所使用的幽默是借代。借代，在修辞学上是指用对象的部分取代整体，或者直接用一种东西去指另外一种东西。这样的讲话技巧，具有很大的灵活性，所产生的效果是出人意料的，这样也更容易显示出幽默。

有一名年过半百的妇人问萧伯纳：“你看我有多大？”

萧伯纳答道：“看你晶莹剔透的牙齿，你只有十八岁，看你蓬松的卷发，你有十九岁，看你扭捏的腰肢，你有二十岁。”

妇人听后很高兴，继续问道：“那你猜猜我到底多少岁呢？”

“我已经说了，加起来就是你的实际年龄。”萧伯纳回答道。

在这个案例中，萧伯纳先描述一个人的局部特点，和最后揭晓整体特征时，形成了强烈的对比反差，而这种出乎意料的反差，恰恰就是我们想达到的幽默感。在对比这个修辞手法中，我们可以有意地把不相同的两个事物、概念或者思想、观点，甚至是两种截然不同的行为综合到一起做比较，这样就会产生令人忍俊不禁的效果。

· 出其不意的冷趣味

冷幽默是那种听完后需要思索一番才能明白其中诙谐之处的幽默，是在不经意间流露出来的让人发愣、不解、深思继而大悟的幽默。大多数冷幽默内容比较奇怪，貌似实际意义不大，而且比较无聊，但是却不乏深沉的哲理。热幽默相对于冷幽默而言，一听就明白，使人大笑不已。简单地说，冷幽默是“卓别林”，热幽默则是“憨豆先生”。

对于我们来说，前者“费解”“枯燥”，后者粗俗傻气，都不是很好的幽默方式。恰当的幽默必须既能让人看得懂，又透露出智慧的闪光点，是含蓄婉转的，但绝不晦涩难解，就像几米的漫画或经典语录，从简单温馨的话语中透露出智慧和彻悟，于诙谐中饱有内涵丰富的调侃打趣。

一个女律师在和男朋友约会时讲了一个笑话：“接吻是行为人与相对行为人之间以行为做出的意思表示，但具有很高的不确定性，需要进一步的解释。”结果这个专业的冷笑话，男朋友消化了很长时间也没反应过来。

幽默的方式如果过于直白，就变成了喜剧加闹剧，固然能让人爆笑，却缺乏一点儿让人冷静思考的智慧。如果自己的幽默不能让人会心一笑，没有回味的余地，那这种直白的爆笑式、无厘头的幽默最好不要表现出来，否则会显得自己涵养不够，太浅白粗俗。幽默的形式最好含蓄一点，生动有趣的语言和曲折的说法，能够产生足够的幽默效果。如果学会“把简单的事说复杂或把重要的事轻描淡写”，则更能体现一个人特有的俏皮。

有一个小笑话是这样的，荷兰人和比利时人共同驾车出游，荷兰人突然问：“我送你一样东西好吗？”比利时人答道：“那当然好，多谢！”于是荷兰人把车门玻璃摇下来，对着比利时人用力扇了扇，说道，“给你，很新鲜的。”听了这个笑话，你肯定摸不着头脑，这个笑话其实是讽刺荷兰人有多吝啬。

我们可以用自己的专业术语或者文言文、半文言文、书面语来开玩笑，但往往会因为过于晦涩费解，从而成为冷笑话。在用幽默调侃时，尽量用通俗的语言，让受众能够听得懂，接受得了，才会产生幽默的效果，否则就容易冷场。

在冷幽默中，可以打趣，可以调侃，可以讥诮，可以戏谑，可以讽刺，但最好不要刻薄和嘲笑。情调要温馨，要平和，无论是批评还是讥诮，都要有度，要顾及别人的自尊心，不要过于挫伤别人，别人才可能接受你的幽默。比如一个人眼白较多，朋友戏称“白眼狼”，虽然你有“戏谑”之意，但在对方看来，是一种“挖伤疤”，自然不能欣赏你的幽默，还可能因此对你产生反感。

幽默也要适度，不但冷热温度要适中，还要注意不要过多、过滥、不顾场合、不顾对象、没大没小、没有分寸。只有把握好尺度和温度，巧妙的风趣语言才称得上真正的幽默。

· 用有趣的方式解决烦恼

幽默能让大家感到轻松愉快，善于运用幽默的人会让自己妙语连珠。在与人相处的过程中，真正的幽默既要得体，又要让对方体会到自己是在明确地示好，而不是让人认为你是低级趣味。如果运用得好，友善的幽默会在第一时间营造出一个愉悦的交际氛围。

每天的早高峰期公交车都很拥挤，有时候几乎是人贴人，每个人都不得不忍受这种“亲密接触”。

张春蕾个子不高，被挤得受不了了，又看见身边的人都紧锁眉头，于是计上心头，喊道：“喂，朋友们，大家都吸一口气，缩小些体积，我挤得快成相片了！”

被挤得愁眉苦脸，甚至想发火的人们听到此话都忍不住露出了笑容，还有的“扑哧”笑出了声。自然，张春蕾身边的人主动为她挪了一点地方，让她缓解了被挤的痛苦。

张春蕾用自己的幽默，不但达到了目的，还让车内的人心情转好。在社交当中，一个轻松的玩笑，可以让彼此都松弛下来，也会让气氛变得更加活跃。因此，幽默的人，常常都会受到人们的欢迎和喜爱。

百货公司大减价，购货的人又推又挤，每个人都被挤得憋了一肚子火，说是一点就着也一点不为过。有一位中年女士愤愤地对收银小姐说："幸亏我来到你们商场并不是来买'礼貌'的，否则我肯定空手而归。因为你们这儿根本没这个东西。"收银小姐先是沉默了一下，然后礼貌地说道："这位女士，那请问您可否让我看一下您的'礼貌'，然后我们好去进货呢？"那位女士愣了片刻，笑了。一场冲突就这样被化解。

这名收银小姐用俏皮幽默的玩笑话，让原本紧张的气氛顿时友善活泼起来，也避免了原先有可能会发生的争执冲突，可谓是一个善于运用幽默的人。

友善的笑话不仅能够化解陌生感，还能够化解人与人之间生硬紧张的情绪，有时还能够化解矛盾。需要注意的是，在开玩笑的时候一定要把握好幽默的度，不要弄巧成拙。玩笑一旦开得不好，幽默过了头，友善的效果就会适得其反。

一位年轻人最近找到了一处新房，准备搬进去前对好友说：“我打算将墙壁好好地粉刷一下，然后在上面画几幅画，你们看行吗？”

深知年轻人绘画水平的好友，都暗暗发笑。有个朋友心直口快：“就你的画画水平，还是别献丑了。”年轻人听后面露不悦。

这时，年轻人的女朋友善意地开了个玩笑：“我看你还是先画几幅画，然后，再将墙壁好好地粉刷一遍。”年轻人听了一笑，要在墙上画画的念头就此作罢。

在开玩笑的时候，一定要分清场合，还要注意自己的玩笑会不会产生歧义，让人误解。一般来说，最好不要开自己长辈的玩笑，对自己的上级也最好不要开过分的玩笑。同龄人之间开玩笑的时候，要注意对方的性格，对太敏感内向的朋友最好不要乱开玩笑，因为对方很有可能不领情，将你的善意看作是嘲笑和讥讽。

人的幽默一定要优雅得体，开玩笑的时候也是一种对自己美好形象的塑造。如果幽默者的思想情趣与文化修养高雅健康，说出来的玩笑话就容易显得友善。幽默内容粗俗或不雅，固然也能博人一笑，但过后就会让人感到乏味无聊。只有内容健康、格调高雅的幽默，才能给人精神享受，还能让人事后回味。

真正友善的玩笑能够瞬间消除双方的心理隔阂，能让大家相谈甚欢。聪明的人也是一个幽默艺术家，一个小玩笑就可以为大家塑造一个融洽、欢乐的氛围，别人怎么会不喜欢这样的人呢？

· 巧用有趣，化解彼此之间的矛盾

冲突的产生，多数都是我们局限于某个点上，然后不断把这个点放大所造成的，也正因为这样，我们和身边人之间的矛盾才会加深。矛盾出现，我们要做的就是淡化它，转移当事人的关注角度，让对方在轻松幽默的环境中忘掉矛盾的痛苦，只有这样，矛盾才会逐渐消失。

我们的一生中，会遇到各种不同性格的人，也注定了不可避免的摩擦，这时我们就要及时调节自己，用幽默的语言吸引对方的注意力，只有这样，我们才能转移争执的焦点，让冲突消散于无形。

晚年的汉武帝一直沉醉在长生不老的美梦中。一天，他找来东方朔，问道：“我在一本相书中看到，说是一个人的‘人中’越长，他的寿命也就越长，你说，这是真是假？”

东方朔一听汉武帝的话，就知道他又停在让自己长生不老的幻想世界中了，脸上下意识地露出了讥笑之色。虽然动作很微小，却还是被汉武帝看到了。汉武帝很生气，怒道：“你是在取笑我？”

东方朔一听顿时大惊失色，知道自己刚才失态了，得罪了汉武帝。如果无法让汉武帝消气，那自己的人头也将不保。于是，脑筋一转，东方朔立马跪倒说道：“微臣不敢，微臣是在笑彭祖。”

“彭祖？彭祖有何好笑？”汉武帝疑惑地问道。

东方朔回答道：“微臣听说彭祖活了八百多岁，要是真像陛下所说，人中越长年纪越大，那彭祖的人中得长到什么地方了，那他的脸得有多大啊！”

汉武帝一听，虽然知道东方朔是在胡说八道，但想象到这个画面，也哈哈大笑起来。

东方朔借用彭祖暗讽汉武帝沉醉于长生不老的荒唐，也说明了这种幽默含蓄说法的重要性。

东方朔机智幽默的语言感染了汉武帝，让本来窘迫的局面变得轻松有趣。我们与人交往过程中就需要适当的幽默来调节氛围，这样，就算再尴尬的氛围也会得到及时有效的缓解。“笑一笑，十年少”，不仅我们自己需要微笑，身边人也需要微笑。而我们要做的就是用自己的话语为他们减压，让他们快乐起来。

说话幽默需要的是圆滑处世之道，不管我们做什么事，都要用四两拨千斤的态度去应对。如果我们快乐，就会传达快乐；如果我们忧伤，就能传达忧伤。幽默的口才需要拥有一个健康快乐的心情，正因为这样，我们才能用自己的幽默感化身边的人，让他们走近你，成为你的朋友。

某位综艺节目主持人，机智过人，不管嘉宾出什么样的题目，他都能兵来将挡，水来土掩，并且还能凭借自己的幽默智慧感染观众。

在他主持的一档节目中，有一位正在唱乐亭大鼓的演员，表演时还没敲几下鼓板，那面鼓就不幸落地。全场观众顿时惊呼一片，这名唱乐亭大鼓的演员一时间不知所措。过了一会儿，演员反应了过来，忙去捡鼓。主持人趁着这个间隙对观众亲切地说：“各位观众，其实，今天这个节目是临时增加的，这位演员没来得及带自己的鼓，没办法，他只好用别人的，这鼓有点认生，拍它两下，它就害羞地躲到地上了。”观众一听，先是一愣，然后就哈哈大笑了起来，尴尬的氛围顿时得到了缓和。

接下来，有一位杂技演员上台来表演“踩蛋”节目时，一不小心把鸡蛋踩坏了一个，观众全都看见了，演员无奈，只好又换了一个鸡蛋。主持人马上过来，打圆场说：“大家看到了，这个鸡蛋是真的生鸡蛋。我们的演员为了让大家相信这是生鸡蛋，故意踩碎一颗。”

主持人话音未落，演员又踩碎了一个鸡蛋，这时，所有观众又把目光投向了他，主持人长叹了一口气说：“唉！这个社会的伪劣产品真是多啊！看来打假活动还要继续啊！竟然连母鸡都造假，产劣质蛋啊！”

说完，台下一片笑声。

没有人愿意和一个死气沉沉的人成为朋友。笑容是可以相互传染的，所以，尽量让我们说的话变得幽默，这样我们才会因为幽默而绽放出最灿烂的笑容。

· 让赞美也变得有趣

假如说赞美就像是春季的天空，那么适当的幽默就如同空中飘飞的风筝，添了几分生机；假如说赞美像清澈的泉水，那么适当的幽默就如同在水中嬉戏的游鱼，添了几分灵动；假如说赞美是一份真诚的礼物，那么适当的幽默就如同外包装上美丽的蝴蝶结，恰如其分地表达着美丽与温馨。

作曲家海顿有一位法国作家朋友，这位作家曾这样赞美他早期的弦乐四重奏。

第一小提琴像一位健谈的中年人，不断找话题来维持谈话。

第二小提琴则是第一小提琴的朋友，他总在强调第一小提琴话中的机智，却很少表白自己；就像参加谈话时，他只支持别人的意见，而从不提出自己的意见。

而大提琴却是一位庄重的老者，很有学问却爱讲道理，他的论断简单却中肯，总在支持第一小提琴的意见。

说起中提琴，就是一位善良却有些饶舌的妇人，她讲不出什么重要意见，却经常与人拌嘴。

身为作家，当然他的语言表达能力是普通人难以企及的，这位作家并没有直接夸弦乐四重奏怎么好听、怎么优美，而是幽默地把四重奏比拟为四个人的谈话，生动形象，不仅使人明白了四重奏的特点，而且用文学化的语言称赞了海顿的音乐水平。这样的赞美就像赠送礼物时美丽的包装，能让受礼者更加开心。

愿意听到别人赞美自己是人的天性。一个人若受到赞美，就会由衷地感到高兴并对赞美者产生好感。所以真诚的赞美可以缓和并增进双方的关系，拉近彼此的距离。然而，要想把赞美运用得得心应手，还应学会一些技巧，从而让自己的言辞更能让人接受。

拿破仑很反感别人跟他说奉承话，有一位士兵却聪明地说出了自己的“奉承”话，并且让拿破仑开心地接受。士兵是这样说的：“将军，您居功至伟却最不喜欢奉承话，您真是值得我们学习的人。”拿破仑听了感到很高兴，而没意识到这是奉承。

这个士兵之所以能够成功赞美拿破仑，原因就是他很熟悉拿破仑的脾气秉性，深知其讨厌奉承话。士兵紧紧抓住了拿破仑不喜奉承这一优点来赞美，自然就让对方高兴地接受了。

谁都喜欢被赞美和夸奖。赞美就像微风雨露，能够在乍暖还寒时催开真诚的花朵。如果在赞美时能适当添加幽默元素，会令对方在接受自己的夸奖和赞美时，还能感受到温暖和真诚，会给人生增添一丝甘甜。

幽默还能帮人们排忧解难。任何人在现实生活中都会经历各种坎坷、磨难或者尴尬。假如人们面对这些不顺时，能报以幽默潇洒的态度，就能不断地积累经验教训并坚守自信，逐步迈向成功的目标。反之，如果沉沦于失败中，则有可能逐渐失去一切。

生活中，人们常常感到困难无处不在，总会在出其不意时撞上，让人不堪重负。它就像是在与人玩捉迷藏，大家总会尽力躲避它，却不知什么时候就会被它找到。如果一个人在不经意间遭遇挫折时太过焦虑或痛苦，只会让自己的处境更为尴尬，相反，假如一个人能镇定地思考与分析，并采用幽默的方法去面对当时的形势，则有可能会获得意想不到的结局。

但丁有一次在参加教堂礼拜，不知不觉中陷入了沉思，在圣餐举起时没有跪下。几个对他怀有敌意的人看到了这个小小错误，便立刻去跟主教告状，污蔑但丁有意亵渎神圣，要求对他进行严惩。当时正处在中世纪，宗教占据无上的统治地位，这个罪名不是小事，因此主教很重视此事。

于是但丁被带去见主教，知道了一切指控以后，但丁为自己辩解说："主教大人，我认为他们这是诬蔑。那些指控我的人假如像我一样，把眼睛与心灵都朝向上帝，那么他们就不可能东张西望了。可见在整个仪式中，这些人并不专心。"主教听完后笑了，他认为但丁说得很对，非但没有对但丁采取惩罚措施，还夸奖了但丁一番。

但丁巧妙运用了幽默，不但争得主教的欢心，而且借势打击敌人，摆脱了困境。

说到赞美，幽默的赞美还需要注意一点，就是一定要找准切入点，否则不仅很难让对方开心，还会让人家把你当成虚伪、爱奉承之人。

《调谑编》记载了一件关于苏东坡的趣事：

北宋诗人郭祥正有一次途经杭州，把自己写的一首诗拿去给苏轼鉴赏。可能是对诗作太过得意，郭祥正不等苏轼细看，就声情并茂地吟咏起来，感情四溢，声闻左右。

读完诗，郭祥正问苏轼：“请问，这诗能评几分？”

苏轼不假思索地说：“十分。”

郭祥正有点不敢相信，疑惑地问：“苏老师，你不要客气，我这诗真的能得十分？”

苏轼点点头说：“你刚才吟诗，七分来自读，三分来自诗，不是十分又是几分？”

从苏轼的评语来分析，郭祥正的诗恐怕并不是很好。但是，郭祥正能如此热衷于写诗，并全心投入地加以朗读，让苏轼也不想泼他的冷水，反而想适当地赞美他一下，以示鼓励。这种赞美自然不能太夸大其词，让郭祥正自己搞不清状况，所以苏轼给他打了个十分，但又告诉他这十分读占七分、诗占三分，使得这赞美有了一种再接再厉的鼓励意味。

生活中，假如你不得不说一些赞美话，千万不要咬紧牙关说谎，也没必要把对方吹得天花乱坠。倒不如向苏轼学学，小小地赞美一下，更多地给予鼓励，这比乱扣“高帽”式的赞美要受用得多。

当然，夸奖别人也不能无所顾忌，我们应该本着一颗真诚之心去夸奖别人，不要让别人觉得你言不由衷。另外，我们夸奖的内容应该是对方所在意的，就像那位士兵称赞拿破仑不喜奉承一样，必须把话说到对方的心坎里。比如，见到中年女性，我们可以称赞她们身材苗条、婀娜多姿；遇到老年人，我们就要称赞他们身体硬朗、精神矍铄。赞美一定不要太生硬，要加入适当的幽默作为润滑剂。

· 人生的近路——有趣

人一生要经历很多的事，这就需要我们拥有一份阳光的心态，只有快乐的人才能活出真正快乐的人生。悲观者说：“蔷薇有刺。”而乐观者说：“刺里有蔷薇。”每天给自己一个希望，每天都会拥有好心情。正是因为有了这种积极乐观的态度，我们才能在人生长路上砥砺前行。

李婕在一所学校面试时被问到了这样一个问题：“请问，为什么你要选择教师作为你的职业？”

李婕心想如果自己说因为喜欢孩子或是因为教师是个神圣的职业之类的话，那就太没创意了，也不会给考官留下深刻的印象。于是李婕灵机一动，回答道：“小时候我曾立志要做伟人，长大以后才发现，我这个理想是不大可能实现了，于是我改变了主意，我决定成为伟人的老师。”

这一番话，让现场的考官忍俊不禁。几天后，李婕顺利被录取了。

幽默的语言风格需要的是我们不断地经历，多经历，才会感悟越来越多的人生哲理。只有如此，我们才能发现人生中的美好，才会对说话之道有更深层次的了解。

我们手上掌握着人生的遥控器，可以随时切换到快乐频道，让我们的人生继续精彩。

有位女性作家写了一部轰动全国的长篇小说。可偏偏有一位书评家此前很喜欢这位女作家，并向她求过婚，但被拒绝了，因此怀恨在心。在这部书热卖时，书评家不断诋毁这部作品，同时也诋毁这位女作家的才能和为人。

有一次，作家协会举行了交流会。会上很多同行都对女作家表示赞赏，称赞其作品的伟大，女作家一一表示感谢。就在这时，书评家大声地问道："你这部作品确实很不错啊，不知道是谁做的你的代笔啊？"

当时女作家还沉浸在一片赞誉声中，听到这位书评家尖刻的提问后，瞬间愣在了当场。此时很多看热闹人的纷纷围了过来，女作家知道这时候争吵只会让自己产生更多话题，并非是解决问题的好办法。于是，她冷静了下来，微笑着对这位书评家说道：“很感谢你对我这部作品这么高的评价。但您能否告诉我，是谁替您读的这部书呢？”

随机应变，随性幽默，往往能迸发出无坚不摧的力量。

每个人都喜欢和幽默的人交流，因为他们诙谐处世的风格和乐观积极的情绪能感染我们，让我们每一个人都能受到感染、心情舒畅。我们应该向他们学习，不仅学习幽默的技巧、更要学习乐观的心态。只有这样，才能让自己也变成一个有趣而可爱的人。

· 由内而外散发趣味感

俗话说："师父领进门，修行在个人。"模仿与学习只是开始而非结束。若想把幽默锻造成个人品性中的一把利器，只有将幽默和个人特点融为一体，自成一家，才能所向披靡，战无不胜。

我国明末清初的戏曲家李渔曾经说："妙在水到渠成，天机自露，我本无心说笑话，谁知笑话逼人来。"这句话说的就是幽默的最高境界——真实自然、不做作。不过要想达到这种水到渠成的效果，需要把幽默融入个人品性中。假如一个人能充分消化吸收技巧性的幽默，并同时结合个人特质，就可以形成独具匠心的个性化幽默，让其真正变成与本人密不可分的闪光点。

美国总统柯立芝最初的职业是律师，这让他形成了严谨的处事风格。当然，并非严肃的人就不懂得幽默，柯立芝在当选总统后，他的谨言慎行也不能掩盖他那极富讽刺色彩的幽默风格。

在一次聚会中，有一位夫人坐在柯立芝身旁，她希望能和柯立芝多交谈几句，这样就能显得自己与众不同。于是，那位夫人对柯立芝说道：“柯立芝先生，我和别人打赌，我一定能让您说的话超过三个字。”

柯立芝立刻回答道：“你输了！”

还有一次，一位社交界的名媛和柯立芝并肩而坐，名媛一直在口若悬河地高谈阔论，可柯立芝却一言不发。她只好对柯立芝说：“柯立芝先生，您的话真是太少了。我今天一定要让您说的话超过两个字。”

只听柯立芝总统咕哝着说：“徒劳。”

这便是柯立芝的风格，不鸣则已，一鸣惊人，他在保持自己风度的同时，还透露出潜在的幽默。

文学大师钱钟书先生也同样具有个人风格鲜明的幽默感，并且其表达幽默时经常引经据典，体现出一种独有的大智慧。他的许多幽默段子简直是神来之笔，就像小孩子般顽皮，天真自然。就以他的作品《围城》为例，风趣和幽默俯拾皆是。

书中提道：“房子比职业更难找，满街是屋，可是轮不到他们住。上海仿佛希望每个新来的人都像只带壳的蜗牛，随身带着宿舍。”

当调侃方鸿渐购买假文凭时，钱钟书写道：“这一张文凭，仿佛有亚当夏娃下身那片树叶的功用，可以遮羞包丑。”

钱钟书的幽默无不浸透着文学的辛辣讽刺，充溢着关于人性和社会的真知灼见，令读者一边大笑一边沉思。他的幽默符合他文学大师、语言大师的身份，每个字词都充满了他对人性的态度和对当时男男女女的嘲讽，这些都已成为其独特的标签，无人可以超越。

马克·吐温也是一位幽默大师，他在生活中的行为举止就如同他的小说作品中刻画的人物，在怪异中显露出幽默与讽刺。

马克·吐温日常穿着非常随意，其妻常为了他外出做客时不穿衣领、不打领带而发牢骚。有一天，马克·吐温照旧这样外出归家，妻子照旧对他的服装唠叨抱怨起来。

马克·吐温实在忍不下去了，他找出一个领子和一根领带，认真地包了起来，然后派人把它们送到刚才做客的朋友家去，并附上了一张纸条。纸条上写着：“在刚才拜访您的半小时中，我没有穿衣领，也没打领带。现特地送上这两样东西，请您对着它们看半个小时，然后再给我送回来。”

看得出，他是不满夫人的抱怨和唠叨，因此使用这种幽默的方法来解决问题。没准他的小说中充满幽默的根源就在于他自己的生活。

在当代社会，凡事都讲究包装以及营销，这就需要你提高自己的辨识度，并且最大限度地让自己的一切个性化。幽默也是一样，若是没有自己的特点，一味模仿，就像借来的东西，最后得还回去，只有达到“物我合一”境界，才能称得上真正的“幽默达人”。

P A R T

T H R E E

PART 3 趣味思维训练——变有趣，很容易

· 为有趣增加逻辑思维

虽然逻辑在很多时候都是严肃的，但如果我们的幽默没有逻辑，那所产生的“笑”果将是不可预料的。毕竟，思维的转向，会让同一件事情产生诸多面，我们站在这面看是正常的逻辑，一旦转向另外一面，那就成了混乱的逻辑。许多人会把同一种思维强加给不同情境中的人和事，但是，在现实生活中，大脑会随着情境的变化而变化思维。若某些呆头笨脑的人总是喜欢保持惯有的思维，那定会笑料百出。

有一堂语文课，老师让学生用“你、我、他”造句。老师先举了一个例子，说道：“我是你的老师，你是我的学生，他是你的同学。”然后让他们活学活用。

放学后，一个学生很高兴地跑回到家里，告诉爸爸说今天上语文课，老师让他们用“你、我、他”造句。

爸爸问道：“哦？那你是怎么造句的呢？”

这位学生说道："我是你的老师，你是我的学生，"然后一指旁边的妈妈，继续说道："她是你的同学。"

爸爸听后很是气愤，骂道："我怎么会是你的学生！我是你爸爸，你是我儿子，她是你妈妈。"

这个学生听后很是委屈，第二天跑到学校，和老师说道："老师，昨天你教错了，回去后我爸爸告诉我你教的不对。"

"哦？那你爸爸是怎么教你的呢？"老师好奇地问道。

"我是你爸爸，你是我儿子，"说着一直旁边的同桌，"她是你妈妈。"

在这个案例中，孩子和父亲都保持着一种思维，这样的思维只在特定的情境中才会发挥作用。随着情境的变化，他们不懂得语言的表达会随之发生变化，于是便有了可笑的因素。

音乐家鲁宾斯坦在波士顿举办音乐会，他的演出很受欢迎，票也很早就销售一空。

但在演出前几天，有一位当地很有身份的贵妇来到后台，趾高气扬地向鲁宾斯坦要票。鲁宾斯坦最瞧不起这样的人，便冷冷地说道："对不起，夫人。我也没有票了，现在只剩下最后一个座位了。”

这位贵妇人一听很高兴，想到既然能拿到票，回去后也可以和姐妹们吹嘘一番，就说道：“一个座位也可以，但是我告诉你，我需要最前排的。”

“没问题，绝对是最前排的。”说着，鲁宾斯坦用手一指舞台，“您看到了吧，就是钢琴旁边的那个座位，是最前排吧？”

巧妙运用思维的转折，善于打破常规，会创造出不一般的幽默效果。案例中，那位自命不凡的贵妇本来的目的是想听演出。所以，当她用定势思维去思考问题时，自然而然地认为对方所说的“最前排”是她以为的“观众席的第一排”。然而，鲁宾斯坦却不被贵妇人的逻辑牵着走，而是将贵妇人口中的“座位”偷偷转换成了另一层含义，于是当最后答案揭晓时，嘲讽的幽默效果就达到了顶点。

一位老人想给孙女做一个别致的小板凳，于是画了图纸，找了木匠来做。可是没想到这个木匠是一个“半路出家”的二把刀。整整忙活了一天，才把这个板凳做好。这位老人看到做完的这个板凳，很不满意，就对木匠说：“你做的是什么活儿，干得又慢，最后做得还这么差。这样吧，你在我这儿白吃了一天的饭，就抵你的工钱吧。”

木匠一听就不干了，说道：“凭什么不给工钱。你没听过慢工出细活吗？这个板凳是我耗费了一天的时间做的。”

老人一听，又说道：“那这样吧，你用了一天时间做了这个板凳。这是你慢工出细活的精品，那就用这个板凳抵你的工钱吧。”

木匠一听更不干了，说道：“谁要你这破板凳。缝隙那么大，四个腿还不一样高，这个能值什么钱？”

这是一个自相矛盾的幽默故事，众所周知，说话是不能自相矛盾的，这是体现了一个人的逻辑性。当一些人说出自相矛盾的话时，我们巧用他话语中的漏洞，借机反驳他，即可既幽默又有力地反击。

· 以谬制谬，借言反驳

“以谬制谬”的幽默技巧遵循古代兵书上“以彼之矛，攻彼之盾”的逻辑，让对方陷入自我矛盾之中，从而达到不战而屈人之兵的目的。这种幽默有一个显著的特点，就是当对方提出一个错误的论断时，另一方不是直接反驳，而是将这个错误论断进一步引申，得出更荒谬的结论，使人因彻底无语而发笑。

在中国的福建一直流传着一个“巧媳妇”的故事。一位姓史的老汉积攒了不少财产，县太爷想占为己有。为了达到目的，县太爷故意给史老汉出了一道难题，要求他在三天之内送来三头怀孕的公牛，否则财产全部上缴。

这简直是无稽之谈，公牛怎么会怀孕呢？但是史老汉迫于县太爷的淫威，又不敢拒绝，只好硬着头皮答应下来。

史老汉把这件事告诉了家人，老伴和儿子听了都不知所措。只有聪明的儿媳妇听完后很冷静，还安慰公公不要着急，说自己有办法解决。大家都很疑惑，怀疑儿媳妇在说大话。

两天很快过去，儿媳妇一直没有提出解决方法，史老汉很是着急。直到第三天，县太爷坐着轿子来到史家，一进门就厉声问："史老汉在家吗？我要的东西呢？"

史老汉吓得不敢出屋，儿媳妇走出来，不慌不忙地说："我公公在家，但是不方便出来。"

县太爷奸笑着说："史老汉有什么不方便的，还不赶快出来见我！"

儿媳妇故意压低声音说："您小声点儿，我公公正在屋里生小孩呢！"

县太爷听了哈哈大笑："胡说！天下哪有男人会生小孩的道理！"

儿媳妇马上接着说："怎么没听说过，您前两天还说公牛也能怀孕呢！"

一句话把县太爷说得哑口无言，他只好悻悻地离开了。

公牛怀孕本来就是一件极其荒唐的事情，儿媳妇用公公生小孩这一同样荒唐的事情来反击县太爷，最后让对方无话可说，只好放弃原来的要挟条件。用"公公生小孩"仿效"公牛怀孕”，趣味横生，这种以谬制谬的仿效法令对手彻底失败。

“以谬制谬”是根据对手的观点提出一个类似的观点，两者在逻辑上具有一致性，因而对手无法对你的观点予以反驳，最后只好当场认输。毕竟，对方的“荒谬”在前，我们的“荒谬”于后，所以他没有任何指责的理由。

用对手的谬论打败对手，在戏谑中赢得辩论的胜利，是以谬制谬仿效幽默法的精髓。

一名顾客走进饭店，点了面包和烤肉。过了许久，烤肉还没做好，顾客只好先吃几块面包，然后就坐在离烤炉不远的地方睡着了。

当店主把烤肉放到桌子上的时候，顾客睡眼惺忪地说：“你们烤的时间太久了，这烤肉在烤制的过程中，我就已经闻饱了。”这本是一句玩笑话，可是店主却认真起来，端走桌上的烤肉，直接向顾客讨要饭钱。

顾客非常诧异，明明还没吃烤肉，为什么要收钱呢？店主给出了理由：“你既然闻饱了，那就给闻肉的钱啊。我们烤肉不需要材料和时间吗？”这分明是强词夺理。

略一迟疑，顾客就想到了对付店家的方法。他从口袋里掏出一枚硬币，扔在桌子上，然后对店主说：“你听到钱的声音了吗？”店主回答：“听到了。”

随后，顾客马上收起硬币，对店主说：“你听到了硬币发出的响声，正好能够支付我闻肉味的钱。”店主听完，无言以对。

面对店主的无理要求，顾客以谬制谬。最后，店主不得不狼狈收场。

面对他人的无理言论，不妨以谬制谬，让对方没有还击的余地。至于以谬制谬为何能取得如此大的功效，其原因似乎并不难理解。因为，一旦对方指责我们荒谬，即意味着他在“自己打自己的嘴巴”。可谁又愿意自己打自己的嘴巴呢？所以他只能吞下自种的苦果。

汉武帝晚年沉醉于神仙之说，为了长生不老，特别相信方士的话。当方士把所谓的不死之酒敬奉给他之后，他特别看重这些酒。而作为幸臣的东方朔又是个滑稽之臣，总能以伶俐的口才，逗得皇帝解颐。他们之间就是这样一种特殊的关系，所以，东方朔就趁机偷喝了皇帝的“御用”酒。皇帝很生气，声言要处死他。东方朔说：“陛下，臣喝的是不死之酒。所以，臣是不会被杀死的。如果陛下欲处死臣，臣一旦死去，那所谓的不死之酒也就不是不死之酒了。不死之酒，不能救臣于不死，难道能于陛下尊体有效吗？”汉武帝听了，细细寻思，的确如此，于是赦免了他。

准确抓住对方语言逻辑上的漏洞，以谬制谬，能使幽默乐趣即刻显现，让人忍俊不禁。

· 在大脑中为有趣设一个“圈套”

幽默的方法有很多，其中有一种可以让人一时摸不着头脑，那就是巧妙设计，请君入瓮。给对方设下一个圈套，让对方往里钻，上当后，你再揭开谜底，幽默效果随即产生。

学会巧妙设计幽默，是一件非常需要功力的事。而这种幽默技巧的重点就在于最后一句话，也就是“包袱”所在。要以四两拨千斤之势撩动对方的笑弦，以此来达到掷地有声、一鸣惊人的效果。甚至还有很多人，说出的话语能够让人在笑过之后，余音绕梁，三日不绝于耳，令人回味。

邻居 A:“请问，今晚我能借用一下你的电唱机吗？”

邻居 B:“没问题。你是想听音乐吗？”

邻居 A:“哦，不是的。我只是想今晚安静一下。谢谢！”

很显然，这位邻居 A 是备受邻居 B 家里的电唱机所带来的折磨，考虑到邻里关系的和睦，便出此“下策”。这样一来，对话中思维方向的突然转换，便造成了绝佳的幽默效果，不光杜绝了噪音的“声源”，还从根本上解决了问题，暗示了邻居对自己所造成的困扰。通常，制造笑料的目的都是为了解决问题，而不是为了空洞的笑话。

此外，设置“套子”制造的幽默是要有故事情节的，一般也是事先预谋的，其目的是为了找到更加适当的表达方式，来陈述想法、解决问题。来看下例。

妈妈说：“你父亲看见他的眼镜打碎了，有没有说什么？”

儿子说：“妈妈，我是否该省掉那些脏话？”

妈妈说：“好吧。”

儿子说：“那他什么话都没有说。”

不难看出，前面的对话是为后面的“突破”做铺垫的。通过运用这种委婉的方式，人们就能更方便地说出某人的“坏话”，这无疑是在合理的故事之外增添一个“貌合神离”的尾巴，而这个尾巴一般都是幽默的点睛之笔。

一位牧师在讲坛上说教，马克·吐温对此十分讨厌，便想与其开一个玩笑。他对牧师说：“牧师先生，你说得妙极了，不过，你所说的这些我好像在哪本书上看到过，你说的每个字都在上面。”牧师听后满脸不高兴。“我绝对不是抄袭的。”他争辩说。“但是那本书上确实和你讲得一字不差。”马克·吐温说。“那你把书拿给我看一看。”牧师也感到费解。没过几天，牧师收到了马克·吐温邮寄给他的书，他迫不及待地打开一看，原来是一本字典。

圈套就是一种刻意设计的幽默的诡计，给对方设圈套是讲究的，要针对对方的特点来制定策略。这个策略表面看起来要很隐蔽，不能有漏洞，否则别人不会入套。

幽默既然算是一门艺术，艺术的表现手法也应该是多种多样的。应该学会选择不同的方式表达幽默，尽量做到恰如其分，和自己的好朋友开个玩笑很惬意，把攻击自己的人捉弄一下也不为过。

马修·温斯顿说过：“黑色幽默通常揭示生活的丑陋，并用讽刺的笔触加以批评。但不同于讽刺，无论或明或暗，它不具备一套准则，以供人们对照作者所描绘的疯狂世界，它既不依赖于指导协调与适度的常识，亦不依赖于社会、宗教与道德的传统。读者的正义感使得作者能够令人震惊；读者的仁义感使得他能够叫人恐惧；读者的真实感使得他能够令人发指；读者对喜剧和小说传统的了解使得他能够凭借仿效以取悦。”

车尔尼雪夫斯基说过：“幽默，是对自己和其他人的嘲笑，一个人在幽默中允许自己打诨说笑。因为他认为自己是可笑的，也想描摹自己的可笑之处，他的戏谑大部分是挖苦揶揄，因为他感到了侮辱；而挖苦，则是受侮辱者的戏谑，刻毒的戏谑。一个幽默家在机智、嘲笑、诙谐以及装疯卖傻中可以变得如此难以辨认，那些不理解幽默的人竟然把他当作一个丑角，或者是个有点儿神经错乱的人，人们对哈姆雷特就是这样想的。然而他的装疯卖傻，其实是智者、哲人对人类弱点与愚蠢的嘲弄，他的笑，是对自己以及对人们的同情的微笑。”

· 用趣味心理暗示，以达到目的

生活中每个人做事都会尽量做到最好，但是错误是难以避免的。但太过于直接的批评会伤害人们的自尊，很可能会使对方产生抵触心理，结果可能不但不会起到杜绝错误的效果，反而会使其变本加厉，让错误愈演愈烈。所以这时用幽默的方式暗示责备，不但可以缓解由于错误带来的紧张气氛，而且可以使其认识到错误的所在，促进彼此的感情。

小杜是一个时尚主编，特别注意批评人的分寸。

一次，一位编辑部的编辑拿着自己所设计文章的标题形式和内容去见他，问自己这样写标题行不行。

小杜看了一会儿稿子，不停地用它做扇风的动作。

那位编辑好奇地问："主编，是不是屋里太热了？"

小杜回答道："不是的，我有一个见到熟人就紧张的毛病，要不停地扇风才能缓解紧张。我从你设计的标题上看到了许多熟人的面孔，所以才要不停地扇风。”听了小杜的话，那位编辑不好意思地退出了办公室，又重新设计了标题的内容和形式。

小杜正是运用了这种幽默的方式加以暗示，既责备了编辑的设计没有新意，又给那位编辑留了面子，使其不至于因批评而产生不好的情绪，影响接下来的工作。

静静是一个餐厅的领班。一次有一伙人在餐厅里吃饭，吵吵闹闹的不成体统。许多顾客都找她反映，影响很不好。

这时候正好那桌客人过来问：“点菜量大的话，可不可以打折？”静静微笑着说：“本餐厅规定对于那些懂礼貌的绅士，我们是可以有一定的打折优惠的。”

“那我们是不是有礼貌，算不算绅士？”那人没好气地问道。

静静一边低声地说“是”，一边又马上捂住自己的嘴。

“你为什么捂着自己的嘴呢？”听完静静的话，那人疑惑地问道。

“我怕说假话被别人听到，所以才捂住了自己的嘴巴！”

听完静静的话，那人不好意思地红着脸走开了。过了一会儿，那桌喧闹的客人也慢慢地安静了下来。

静静的聪明之处就是没有直接厉声地指出他们不礼貌的行为，反而运用幽默的语言来暗示他们。这样既给足了他们面子，又让他们意识到了自己的错误。

其实，生活中懂得用幽默来责备他人的聪明人处处可见。在公众场合，一个人踩了另一个人脚，却毫无反应，被踩的那个人就以幽默的语言表达自己的不满，说道："哦，对不起，我的脚硌到你了。"幽默的回答不仅从反面提示了他的错误，更唤醒了对方，让对方减少被攻击的感觉，从而主动反省、道歉。

公交车上，一个小伙子坐在"孕妇专座"上面，而孕妇却在旁边被人挤。一个会说话的年轻人这时在他面前故意大声地念："乃妇专座。"小伙子更正说："错了，是孕妇。"年轻人就立即笑着说，"孕妇在这儿呢！"拐弯抹角地把责备的意思间接化，能让他更容易接受。

幽默地责备他人，其实就是在责备他人时，让批评的语言变得戾气不足而诙谐有余。

因为幽默的语言往往会伴以夸张、反问，以及与现实有很大出入的意义建构。这样就会把回答中攻击性的含意虚幻化，把责备的锋芒软化，让对方感到这并不是一种很认真的责备，从心理上更容易接受意见。

在日常生活中，人际关系非常复杂，随时随地都会存在许多因素刺激你对他人出言不逊，给别人留下不愉快的回忆，从而影响自己的人际交往。因此，不妨试着在愤怒发作之前用幽默的语言来宣泄，软化你的锋芒。这样，你在责备他人时才能拥有好人缘。

· 暗中反击，让反驳的话听上去悦耳

在实际谈判过程中，有时候我们会遇到对方的挑刺或者故意刁难，这时难免会陷入于困境。在这样的情况下，我们该如何扭转乾坤，让那些故意刁难者知难而退呢？其实，这需要幽默的艺术，以诙谐的语言反击对方，如果你只是傻傻地站在那里，那只会让那些故意为难你的人更得意，同时，也会让所有的对手看笑话。当然，这需要一定的方法以及技巧，才能巧妙地化解尴尬，为自己解围。

一次萧伯纳参加了一个宴会。宴会上一个年轻气盛的人站起来对萧伯纳说："听说您父亲是一名裁缝？"

萧伯纳微笑地回答道："对。"

年轻人挑衅地一笑，问道："那您怎么不学他？"

萧伯纳看着年轻人，微笑道："我听说您父亲是一位绅士？"

年轻人一挺胸膛，回答道："是的。"

萧伯纳接着问道："那你怎么不学他？"

这就是传说中的"以子之矛，攻子之盾"，是以彼之道还施彼身的精髓所在。年轻人嘲讽萧伯纳出身低贱，幽默大师萧伯纳对此不予置评，而是转而批评他的教养，并且借用年轻人的句式和用语。萧伯纳巧妙地运用了幽默的智慧，用这位年轻人的攻击之术轻松地杀了个回马枪，回击了其傲慢无礼的态度，使年轻人碰了一鼻子灰。

在现实生活中，当我们被别人讽刺，最常见，也是最失败的反应就是以牙还牙。若是在谈判中，我们也采用这样的方式，那只会造成谈判的失败。

有一次，著名作家克雷洛夫与房东签订租房合同。那位房东在金钱上十分计较，而且他事先就知道了克雷洛夫是一个穷光蛋，因此，他便在租房合同里特别写了一条：假如克雷洛夫不小心引起火灾烧了房子，那么必须赔偿一万五千卢布。

不过，令房东没想到的是，克雷洛夫看完，非但没有提出反对的声音，而且还很大方地在后面连续加了两个"零"。房东一看，喜出望外，说："哎呀呀，一百五十万卢布。"其实，克雷洛夫并不是真的愿意多赔钱，他像没事一样，说："是的，反正多少都一样赔不起。"房东听了，目瞪口呆，一句话也说不出来。

在实际谈判中，如果你遭受到了对方恶意的顶撞、攻击、讽刺挖苦或者出言不逊，这时不需要以牙还牙，针锋相对，否则会让局面变得一发不可收拾，而是需要将对方的讥讽之词当作前提，作为铺垫，作为条件，顺势表达出自己的看法，从而达到反击的目的。

在一家药店中，顾客很生气地对经理说："一个星期以前，我在这儿买的润肤膏一点作用也没起，我要退款。"经理询问道："为什么？"顾客说，"你说它可以与脱发做斗争的，可是并不管用。"经理建议说，"您再试试看，我是说过，这种润肤膏可用来与脱发做斗争，不过，这并不意味着，它一定能赢得最后的胜利啊。"

在实际谈判中，我们所说的每一句话都需要保持语言的严谨性，而且需要仔细揣摩对手所说的话，找准其中的关键字眼，这样我们才能随时给对方致命的反击。当然，我们所使用的方法应该是诙谐的，风趣的，不带任何攻击性的。我们应该记住这样一句话：对方想要激怒我们，我们则搏对方一笑，暗中还击，这才是高明的谈判策略。

· 用有趣的思维“改造”无趣的演讲

讲话本身带来的感染力是较少的，毕竟你所讲的大多是枯燥呆板的内容，你可以看看大多数公众场合的讲话，无一例外都是“第一、第二、第三”，诸如此类的条条框框，整个说话过程没有丝毫的趣味性。实际上，对于听众来说，相比条条框框，他们更希望听到一些有趣的内容。幽默地讲话是说话者的聪明才智的标志，它要求讲话者必须有一定的文化素养以及运用语言的能力。其实，在讲话过程的中，幽默通往成功的桥梁，并不是终点。当然也不能为幽默而幽默，一定要根据语言环境，表达适当的幽默语言。

有一次，英国上院议员基尔正在演讲，听众都很认真地望着他，并且侧耳倾听每一个字，但就在演讲即将结束时，突然有一个人的椅子腿断了，那个人跌倒在地上。聪明的基尔马上说：“各位现在一定可以相信，我提出的理由足以压倒别人。”就这样，他立刻拉回了听众的注意力，而那个跌倒的人也在别人善意的笑声中，找到了一个新座位。一个玩笑使双方都从窘境中脱身而出。

可见，在演讲过程中，幽默可以化解尴尬，重新让讲话者掌控演讲现场的气氛。

被他人的嘲笑时，若想成为辩论中胜利的一方，要敢辩、巧辩，在辩论中加一点儿有趣的语言，会显得自己更有气度，也会令对方陷入窘境。

冯玉祥将军在担任陕西提督时，曾有一个叫安德鲁的美国人和一个叫高士林的英国人在山野开枪打死了受保护的野牛。得知这件事的冯玉祥决定审问他们。

两个外国人说：“贵国政府在我们的护照上签有允许我们携猎枪的规定。”

冯玉祥说：“照此说来，如果允许你们携带手枪呢，你们不是可以在中国境内任意开枪杀人吗？”

当然杀人必然是不允许的，同理，也就不允许开枪杀野牛。

在这个案例中，冯玉祥所使用的是否定式幽默。所谓否定式幽默法，是指在两个相对的事物存在的情况下，从肯定其中一事物出发，随之加入另一个事物的内容而达到否定前一事物为归宿的语言艺术。

有时，我们可以通过逆向思维制造幽默。作为讲话者，你可以参加一切人员数量多的活动，学习演讲者的说话方式。也可以记住一些好笑的事例和机智幽默的语言，并且深知其中的含义。如果你是一个面容严肃的人，也可以学习一下幽默，认识幽默对自身的影响。

· 有趣地面对棘手工作

在我们日常的工作中，经常会遇到棘手的问题。有些人面对棘手的问题时大动肝火，有的人则会若无其事……当然，这两种对待棘手工作的态度都是不正确的。面对棘手的工作应该从容、镇定，越是慌乱就越找不到解决问题的办法，所以此时要做的是静下来思考问题，寻找最合适的解决办法。自己能独自解决的工作就抓紧时间采取有效的办法，若需要帮助，就赶快向他人求援，大家合力解决。在这个过程中，不要让自己的压力过大，用幽默的态度去看待，不但能使自己的心态平和，而且有足够的动力工作，同时也能给别人极大的鼓励。

小郑是一家大公司的职员，工作量非常大，每天不但要向自己的老板汇报工作，而且面对的客户也是五花八门，经常遭遇棘手的事情。一般人都会认为，小郑在繁忙时一定是紧皱眉头，脸上挂着如雨滴般的汗水。但是实则不然，小郑每天处理自己手边的工作时都是自信满满，在办公楼里遇到同事也经常微笑，很多时候他都会自嘲："我要是有三头六臂就好了。"为此，很多人都很佩服小郑在如此艰巨的任务面前屹立不倒，并为他的毅力和勇气竖起了大拇指。

小郑的幽默使他时刻都处于一种充满活力的状态，面对棘手工作时不慌不忙，有条不紊应对自如。

小李是一家公司的经理助理，每天都能遇到棘手的工作，为了把这些棘手的工作做好，他每天不辞劳苦，兢兢业业。但是小李是一个不懂幽默的人，总是一副很严肃的表情，即使有人跟他开玩笑帮他解压，他也领会不到玩笑带来的乐趣。渐渐地，小李随着所做事情的增多，所说的话越来越少，最后小李患上了抑郁症。

相比之下，小李就需要调节一下自身的状态了，让自己时刻高度紧张对自己的工作是非常不利的，所以当面对棘手的工作时不妨用幽默处之，这样做一定会让你收获满意的成果。

工作的成败，很大的原因在于心态。如果把工作看作享受，就会为了享受而努力地工作，从而取得满意的结果，体会到另一种快乐。如此一来，就形成了“努力工作——取得成果——感受快乐”的良性循环。反之，如果把工作想想的过于痛苦，便会心生不满，凡事都会抱怨，最终一事无成。

学会热爱“麻烦”，即使面对让人厌烦的困难，艰难困苦的环境，都要用幽默调节自己的情绪，正常发挥你真实的水平，并能从周围环境中寻找乐趣。幽默大师哈维·明迪斯博士说：“我认为，我们的生活处在悲剧与喜剧之间，但是我们拥有选择喜剧性还是悲剧性的身外世界的自由，而我们常常对所拥有的这种自由认知不足。”

所以，想要在棘手的工作前有活力，就要从改变自己的心态做起。虽然工作一直是枯燥乏味，其实只要自己能从中找到乐趣，就能在忙碌中焕发神采，与繁忙分手。抑或者始终保持清醒的头脑，仔细观察自己所处的环境，这样你就能充分发挥自己的潜能，流露出才华，以应对所面临的挑战。

富有幽默感是一种将困难转换为有趣的精神。幽默使人们工作起来更有效率。把幽默带到你的工作中去，将增加你对工作的理解，不但能驱除紧张感，还能进一步使人富有洞察力和控制力。

相信绝大多数的人都有“职场人很累”的感觉，长时间把事业与家庭的双重压力压在身上，一定会非常疲惫。此外，现代社会在繁荣的同时，也时常流露出诱惑与浮躁，这时，若没有幽默的心理，在心力交瘁下，心理、生理都容易出现问题，让人难以快乐起来。

暨南大学医学院副院长、马绍斌教授曾说：“拥有一个‘阳光心态’是让自己快乐起来的最基本前提。”确实，在面对各种不利情况时，若人们都能积极、幽默地应对，就会拥有战胜困难、消除烦恼的利器。例如，在你的办公桌周围摆放一些幽默“材料”，譬如笑话、卡通画、幽默新闻图片以及轻松面对困难。

PART
FOUR

PART 4 趣味沟通是一门大学问

· 用有趣的话语吸引听众

美国心理学家赫布·特鲁说："幽默可以润滑人际关系，消除紧张，减轻人生压力，使生活更有乐趣。它把我们从个人小天地里拉出来，使我们一见如故，寻得益友。它帮助我们摆脱窘迫和困境，增强信心，在人生的道路上知难而进。"

所以说，幽默是一种很有趣、奇妙的沟通方式，它可以帮助我们解决生活中的一些难题——只要在沟通中融入幽默的元素，那么沟通就是愉快的。

日常交际中，高手或许不是最会说话的人，但是他们善于运用幽默，能够用幽默的方式让听众更易接受他们所表达的意思。

前段时间，小区里新开了一家名叫"快意江湖"的主题餐厅，不但点餐要用令牌，就连包间的名字都来自金庸先生的小说，比如"风陵渡""天地会""绝情谷"。

小王和几个朋友到这家餐厅吃饭，刚进门，迎宾的一众服务生就拱手抱拳，铿锵有力地问："敢问大侠，此次出行带了多少人马？"

小王也拱手抱拳，说："六个人，没骑马。"话音刚落，服务生和前厅的顾客都笑了起来。

在日常交际中，幽默就像必不可少的调味剂。比如，朋友聚会，长时间静坐没有人说话。或者结伴旅行，大家都感到疲惫不堪，以致气氛沉闷时，有一个充满幽默感的人说了一句笑话，一定可以改变气氛，给人们带来快乐。

若是在朋友聚会中适当地开个玩笑，也可以营造一种活跃的气氛，让彼此的友谊更加坚固长久。

我们都知道，乱丢垃圾是一个十分让人头疼的问题，不过，荷兰的一座城市却采用了一个十分有趣的方法，从而使环境变得非常干净。

这座城市在以前采用过加大惩罚的方法，想用提高罚金减少人们乱扔垃圾的次数，但收效甚微。后来，管理者想出一个别出心裁的方法，就是在垃圾桶上安装录音机，让垃圾桶变成一个会说话的"城市特色"。每当有人把垃圾扔进垃圾桶，它就会说一段笑话。

用这样的方式来吸引人们自觉地倒垃圾，效果不言而喻。

幽默的神奇之处在于，当我们用它表达意见时，更容易被他人接受，这样沟通会更加顺利。幽默往往能带给人愉快的心情，也能轻松拉近彼此间的距离。

幽默是人类独有的特质，它可以化解冲突或尴尬，同时给人带来快乐——那些富于幽默感的人走到哪里都会受人欢迎。

幽默的力量不容小觑，但我们也不能过分地夸大它的作用——因为凡事过犹不及，得把握好一个度。

· 像这样有趣地拯救冷场

与人交往交流时，大家都开开心心，各抒己见，一直保持高涨的情绪，是每个谈话者都期望见到的情景。但是，每个人难免会遇到彼此都进行不下去的话题，这就是所谓的“冷场”。

实际上，生活中很多人与别人交流时候，所提出的话题经常不能引起别人的兴趣，或者人们不愿对此做出反应，这样就导致了冷场。

比如，一个人总是喜欢谈论与自己生活琐事有关的话题。这样的话题，开始时大家可能会出于尊重你的原因而耐着性子听你讲，可是时间久了，大家就会慢慢开始厌烦。而且这样的话题无非就是一些每个人都会遇到的小矛盾，大家境遇相似，没什么稀奇，也没必要拿出来进行反复“探讨”，慢慢交谈的活动就无法继续进行下去。

比如，有些人总是喜欢打听别人不愿意透露的信息，不经意间揭人家的短。类似于他人的薪资待遇、工作关系、家庭生活等等。其实对于他人来说，这些话题都属于隐私。既然是隐私，别人肯定不愿意提及。如果你总是有意无意地打听这些事情，别人就会觉得你很唐突；他要么会选择沉默，要么就是用一些含糊的理由搪塞你。正是由于你不合适的语言，导致了尴尬的出现。

再比如，有时候一个人为了迎合他人的意愿或者话题，故意不懂装懂，或者歪曲事实、胡编乱造。但毕竟这些话题是他不了解的，没有实际体验的，说不了几句他自己也会“编不下去”，这时冷场就会出现。

其实，冷场时如果有人用幽默的语言激起大家谈话的兴致，在搞笑中化解尴尬的气氛，就可以让大家忘记之前的不快，顺利进入下一个话题。可以说，幽默是冷场的救命稻草。

小松是一位列车售货员，他负责售卖糖果、花生、瓜子等一些小零食，包括地方特产——德州扒鸡、天津大麻花、内蒙古牛奶片等。

夏天是最热的时候，也是内蒙古牛奶片一年中销量最淡的季节。但是列车上有规定：每位售货员每趟火车必须售出十箱，也就是将近五百包的内蒙古牛奶片。小松为了完成任务，使出了浑身解数。

小松走到列车中间，清了清嗓音，然后对旅客们说："大家好，我是本次列车的售货员小松。在这里耽误大家几分钟时间，让我来介绍一下自己。我叫小松，来自内蒙古呼和浩特，出身于贫穷的家庭。虽然我们家非常穷，但是我爸妈最后仍然供我上了大学，大家知道是为什么吗？"

此时大家开始议论纷纷，有的说是借亲戚朋友的钱，有的说是政府补助的，甚至还有人半开玩笑地说是砸锅卖铁才供他上的学。总之各种奇葩的理由乘客们都说了一遍。

看着乘客们急切的眼神，小松最后大声说："你们真的很笨，这都猜不出来！"

听完小松的话，大家都尴尬到了极点，车厢里静悄悄的，谁都不想理小松了。

眼看大家讨论的激情就要被浇灭，交流马上就要冷场。

小松却一本正经地说道："其实当时我们家是卖了几头牛，一头牛卖的钱也不多，也就卖了一万多块钱吧。由于我们家真的很穷，也没卖几头牛，也就四五十头吧……"

小松说完此话，整个车厢的人都哈哈大笑起来。大家都明白了小松刚才所说的都是"反话"，当然，刚才尴尬的气氛也一扫而光了。

小松见大家又来了兴致，就接着调侃道："但是，我妈当时特别聪明，她只卖了公牛，把母牛给留了下来。为啥？因为母牛可以产牛奶呀！但由于牛奶太多了，不好保存，我妈就用吹风机吹牛奶，让它们风干，切成了块。这就是我手中牛奶块的最原始做法。它具有牛奶所有的营养价值，能够美白、润肤……"

大家听着小松的话正在沉思，突然小松眉毛一挑，一本正经地说："其实我昨天就是因为自己太黑了，没敢来见你们。然后晚上吃了几块我手里的内蒙古牛奶块，今天变白了才敢来见大家！"

大家又被小松的夸张给逗乐了，哄堂大笑起来。并且还一边笑一边议论起牛奶的美白效果，气氛一下子就活跃了起来。

"不仅如此，它的口味还特别好。来来，各位旅客朋友们不信的话就来尝尝我这'美白神器'的味道如何？"说着就拿出了早已准备好的牛奶片。

就这样，小松轻松地卖出了所有的牛奶片，顺利地完成了任务。

小松正是由于在话题快要冷场的时候，善于运用幽默的语言，化解尴尬，让每个客户时刻保持情绪高涨，才能顺利达到自己的目的。

生活中与人交流，一定要学点儿幽默的方式和方法。在遇到冷场的时候“幽上一默”，可以让你受到周围人的喜爱。

· 用有趣的语言“批评”对方

在生活中，人们总是喜欢被肯定，没有谁喜欢被批评。所以，不管你怎么批评对方，都不要先去说自己的那些不满，要给对方营造一个和谐的氛围。因为做错事的那个人在潜意识里会害怕被批评，如果你很快就进入了正题，会引起对方的抵触心理，即便是他表面上虚心受教或者接受指正，内心也未必完全同意你的批评，你也未必能达到批评的目的。所以，不如先让对方放松下来，然后再开始你的说辞。要做到这一点，我们不妨先调侃一下自己，再幽默地批评他人。

正如美国前总统柯立芝所说：“理发师给人刮胡子，他要先给人涂些肥皂水，这样就是为了刮起来使人不觉痛。”

学校组织学生看电影。当电影结束后，回到班里的学生仍然对电影情节津津有味地讨论着。

临近上课，年轻的黄老师走到教室门口，只听坐在前面的王勇兴奋地喊了一声："黄大明来了！"学生们一见真是老师来了，哄堂大笑起来。

黄老师故意打岔说："今天王勇怎么这样客气，竟然没叫我'黄大爷'！"学生们笑得更响了。

接着，黄老师一本正经地说："在校园中，无论老师年龄大小，你们都应称'老师'，而不是'大叔'或'大爷'，更不能直呼老师的名字，否则会显得很没有礼貌。"

几句装糊涂打岔的话，说得王勇脸变红了。

案例中的这位黄老师就是个很懂批评之术的人。面对学生的无礼，他并没有大发雷霆，也没有严厉地批评，而是先调侃一下自己，称自己为"黄大爷"。当学生们为此发笑时，他再以开玩笑的方式指出学生对老师直呼其名这一行为的不礼貌，让学生王勇认识到自己的错误，同时，也对其他同学起到教育作用。试想，如果这位老师在对犯错误的学生批评教育时，板起面孔训斥一通，严肃得没有一丝笑容，那么不是师生矛盾激化，就是呈现貌似平静、实隐波澜的僵局，教育效果不佳，也会使学生背上思想包袱，心理负担颇重。

美国幽默术专家特诺 · 赫伯说过："把幽默当作礼物送给别人，会增强你的吸引力。"幽默能激起对方的愉悦感，使人心情轻松、内心感到愉快。幽默可活跃气氛，沟通双方感情；也能融洽人际关系，生动地表达情感和态度，从而达到驳斥、批评他人的目的。

美国第十六任总统林肯的长相平平，他自己对此也不避讳。他在政治上的对手道格拉斯在辩论时指责他是“两面派”。林肯答道：“各位朋友，大家看看。我如果还有另一副面孔，还会用这副面孔示人吗？”结果引得全场哈哈大笑。

这里，面对他人的挑衅，林肯并没有直接道出道格拉斯的指责是荒谬的，而是先调侃了一下自己，在观众大笑的同时，自然也反击了道格拉斯。

文学大师老舍在谈到文学创作时说：“文字必须利用幽默才能变得生动有趣。”相信生活中常有这样的体会：你咬紧牙关、心急如焚地硬去拧盖着的瓶盖儿，却怎么也拧不开；然而你心平气和，只轻轻一拔，瓶盖儿竟神奇般地打开了——这便是幽默效应的一个形象写照。实际上，我们在肯定幽默所产生的作用的同时，还必须认识到一点，如果我们在指出他人错误的同时，先把幽默的矛头指向自己，开一下自己的玩笑，博对方一笑，那么，此时你再进行幽默批评，对方也就更加容易接受。

· 换种说法拒绝对方

在日常生活中，我们都不可避免地会遇到需要拒绝的人或事，面对别人提出的不合理、不合适的要求或者自己不愿意去做的事情，我们需要大声说“不”。但拒绝的方式却是需要考量的，直接地拒绝将意味着对他人意愿或行为的一种否定，无形中会打击对方的自信心，甚至伤害对方的自尊心，显得我们不近人情。那么，如何避免发生不快，巧妙地达到拒绝的目的呢？我们可以通过“话外之音”来向对方暗示“拒绝”。

拒绝是一种艺术，最高明的拒绝，不动干戈。某些时候，我们不得不说“不”，但是应尽量“以和为贵”，尽量在保全双方面子的前提之下进行推拒。

一位男青年被女播音员优美动听的声音吸引，来信希望见一见播音员本人，对此，播音员回信说：“这位听众朋友，首先，我了解你的心情，感谢你的好意。‘交流容易，交心难。’

交朋友最难的是交心。那么，还是让我们做知心的朋友吧！”通过语言暗示“拒绝”，而且拒绝方式极其婉转，回应了男青年提出的无理要求。

萧伯纳很有才情，因此很受女士欢迎。有一天，他收到了女舞蹈家邓肯的一封信，信中委婉地写出了邓肯对萧伯纳的爱慕之情：“若是我们结合在一起，我们的孩子将拥有和你一样的脑袋，和我一样的身材，那将是多么美妙的一件事情啊！”萧伯纳看完了信，立刻给邓肯回了一封，在信中，萧伯纳幽默而委婉地表达了自己的拒绝之情，但他是这样写的：“我觉得我们的孩子也许不会那么好命，若是他拥有了我一样的身材，你一样的脑袋，那岂不是很糟糕！”

邓肯看了萧伯纳的信后，明白了萧伯纳拒绝了她，她很失望，但却一点也不恨萧伯纳，反而成了他最忠实的读者兼好友。

拒绝的话一向都不好说，说得不好很容易扫了对方面子，或者让自己陷入尴尬境地。所以，我们在拒绝他人时，需要讲究策略，其中最关键的一点就是用含蓄委婉的语言来传达“拒绝”的心理。

在拒绝的时候，我们需要考虑到对方的面子，而幽默地拒绝恰好可以巧妙地体现这一点，用幽默的方式来拒绝对方，使其在毫无准备的大笑中“失望”。比如面对同事相约去钓鱼的要求，“妻管严”丈夫回答道：“其实我是个钓鱼迷，很想去的，可结婚以后，周末就经常被‘没收’。”同事哈哈大笑，也就不再勉强他了。

著名的意大利音乐家罗西尼生于1792年2月29日，这个日子很奇特，因为每四年才有一个闰年，也就是每罗西尼每四年才能过一次生日。当他过第十八个生日的时候，已经是七十二岁了。生日前的一天，罗西尼的朋友们告诉他，他们一起凑了两万法郎，准备为他建一座纪念碑。罗西尼听了以后，大喊道：“干什么浪费这个钱啊！你们把钱给我，我自己站在那里就行。”

罗西尼巧妙地利用幽默，提出一个看起来更不合理的想法，婉转含蓄地指出了朋友这样做过于奢侈。这种含蓄的指出，既不会伤了朋友为罗西尼庆祝生日的心，更是表达了罗西尼自己对这个想法的不赞同，一举两得。

1. 委婉暗示

有时候面对下属提出的建议，上司不忍拒绝，只好委婉地暗示“这个想法不错，只是目前条件还没有成熟，我觉得你应该把工作重心放在现阶段的主要工作上”。有时候，身边的同事或朋友可能会向你打听一些绝密的事情，但原则性要求你保密。你不妨采用诱导性暗示，诱导对方自我否定。比如，你可以对他说：“你能保密吗？”对方肯定回答：“能。”然后你再说：“你能，我也可以。”

2. 借助他人之口说出拒绝的话

如果自己不知道该如何拒绝，你可以借助他人之口说出拒绝的话。比如利用公司或者上司的名义拒绝，“前几天董事长刚宣布，不准任何顾客进仓库，我怎么能带你去呢”或者说“这件事我做不了主，我会把你的要求向领导反映一下，好吗”。

· 巧用有趣，化解尴尬

在现实生活中，有这样一些人，他们心直口快，看到他人的过失和错误就忍不住要指出来，并且丝毫不顾及对方的面子和感受。但一阵狂风暴雨之后，他们才发现，原来自己真的“言重”了，此时，他们只能悔不当初。其实，面对这种情况还是有挽救措施的，那就是幽默。被批评的对象可能不会接受你的批评，也可能不接受你的道歉，但绝不会不接受幽默带来的快乐。老舍先生说过：“幽默者的心是热的。”可见，只要你借助幽默这个润滑剂，便能给对方一个台阶，给自己一个台阶，挽救过激批评带来的尴尬后果。

陈先生去看病，他等了半天也没有等到检查结果，于是，他很生气地对医生说：“你们的办事效率也太低了，要是我有疾病的话，估计现在都进天堂了。”

面对病人的抱怨，医生也很不高兴，紧皱眉头说：“你暂时还不会去天堂，但你的健康状况糟透了！你的腿里有水、肾里有石头、动脉里有石灰。”

陈先生一脸尴尬，挤出笑容说：“医生，如果你现在说我脑袋里有沙子，那么我明天就可以开始盖房子了。”两人相视而笑。

这则故事中的陈先生是个机智的人，当他发现自己的话可能导致医生产生了不愉悦的情绪时，他就借助医生的话，开了个玩笑，让彼此心中释然。

当然，并不是所有人在过激地批评完他人之后，都能认识到自己的批评方法不当，也不是所有人都懂得巧妙借助幽默的力量帮自己化解尴尬。为此，你必须做到以下几点：

1．先稳定自己的情绪

批评是一门学问，如果批评时言辞不当，有可能造成一些不好的后果。所以不要一批评起他人来，就猛下“虎狼之药”，怎么难听怎么说，这样的话，谁听了都不高兴，即使你是老师、是上级，对方嘴上不敢得罪你，也难免怀恨在心，对你产生敌意。其实，恶意的批评并不能树立你的威信，反而会降低你的层次，让被批评者气不顺、心不服，严重时对方还会反唇相讥，激化矛盾。

作为批评者，如果你只图一时之快，态度恶劣地用批评性言语伤害了对方，就要及时补救，否则过后不管你如何弥补，你带给他的伤害永远存在。所以，你要控制自己的脾气。在每次感觉自己快要失控时，先冷静五分钟。等到能够平静地面对对方了，不妨试试把疾言厉色的批评或苦口婆心的劝诫换成幽默的一笑。

2．见缝插针，找到制造幽默的关键点

在日常的生活与工作中，如果你过激地批评了他人，那么，你一定要幽默风趣地给对方设置一个台阶，这样便能瞬间解除尴尬，得到他人的理解和配合。其实，要找到这个台阶并不难。一些有趣的双关语、一个暗示性的动作、一则富有哲理的故事、一个形象的比喻……都能起到既点出对方的错误又不失风趣的效果。

在一次的英语课上，老师正捏着粉笔在黑板上书写句式，坐在前排的学生李岩觉得很无聊，就跟旁边的同学叽叽喳喳地说话。这下老师生气了，回过头对这位学生说："李岩，你知不知道自己的行为影响了课堂纪律？"李岩觉得很没面子，就低着头玩起了自己的钢笔，并不自觉地用钢笔敲打起课桌。

老师发现自己刚才的话可能让李岩有点难以接受，于是，他接着说了句："李岩，英语课是不需要伴奏的。"老师头也没回地说着，说完继续书写。

说者无心，听者有意，满堂的同学都被逗笑了，包括李岩本人。他不好意思地停止了敲打，并且还冲老师做了个鬼脸。

没想到老师这时却又回头了，刚好看到了李岩的鬼脸，她莞尔一笑，一边模仿小李的鬼脸，一边趁机说道："Make faces（做鬼脸）！"

就这样，李岩有了台阶下，全班同学也在无意中学会了一个新的短语。

可见，幽默风趣的语言能挽救由过激批评而导致的尴尬后果，能把原本严肃的事情变得轻松，让人比较容易接受，也不会产生抵触情绪。

· 委婉有趣地拒绝

在生活中，相信大多数人都遇到过朋友开口借钱的事。但如果是关系不错，或者信誉很好的朋友，你若是手头比较宽裕，借钱当然没有问题。俗话说：“好借好还，再借不难。”但是，通常好借不一定会好还。最后当你不断催促对方还钱时，不仅损失了金钱，最后还会失去友谊。而那时，相信很多朋友会后悔，心想当初要是没借钱给他就好了。虽然大多数人有这样的懊悔，但当朋友开口时，很多人却不知道如何巧妙地拒绝。

朋友借钱的时候，直接将拒绝的话说出口，似乎是很多人都难以做到的事情。或因为感情，或因为个性，或因为情势，没有委婉地把“不”说出来，善良的人常常会违背自己的意愿而借出自己辛苦积攒的钱财。

好朋友借钱一定也是有了难处，如果此人信誉一向较好，又是真的遇上了暂时的“财政窘境”，俗话说“救急不救穷”，不妨适当地借给他一些。但是如果对方信誉不好或者借钱的目的含糊其词，就要学会委婉地拒绝对方。如何拒绝才能既达到自己的目的，又不伤害朋友之间的和气呢？

前不久，宋子霖升职了，收入也是大大提高，向她借钱的人也多了起来。因为她一直性格直爽，也爱帮助朋友，所以面对一些小数目的借款她也很爽快，但是一些朋友想做生意或者买婚房，一开口就是借几万，这让她非常为难。虽然几万块还是能拿得出，但是毕竟不是个小数目，不借给朋友，面子上又过不去。

一次，宋子霖的一个朋友因为一些原因向她借钱，她就说："因为有买房子的打算，我的钱都存了定期存款，手头余钱不多。这样吧，我先看看我有多少，先借给你一些你应应急，要不我再问问我家人有没有余钱吧！"

朋友说："那哪好意思让你动你家人的钱啊！我再问问别人吧！"宋子霖就这样巧妙地躲过了朋友借钱的要求。

不想借给对方，又担心不能直言，不妨用用委婉的招数。当我们用委婉的语言拒绝对方时，会更容易被朋友接受。比如，你可以说"你怎么不早点说？我手里的余钱上个月刚给父母更换了老冰箱、老彩电，我真的想借你，可是我真的无能为力”或者“哎哟，提起借钱的事，我这还欠着别人一笔钱没还呢”。再比如，你可以说“我婆婆生病了，需要用钱”或者“我弟弟上大学，刚给他交了学费和生活费”。这样就不容易伤感情。

陈书嘉夫妻俩前些年双双失业，向银行贷款做起了小买卖。两人披星戴月，苦干了两年，终于把贷款还清，生意也做得越来越好。陈书嘉有个中学同学叫宋志远，是个游手好闲的人，经常把钱扔在赌场或者恋爱关系上。前不久，宋志远新认识不久的女友偷偷把他一大半的钱财拿走了，他去赌场发泄郁闷又输了不少钱，就把眼睛瞄上了中学同学陈书嘉。

一日，宋志远找到陈书嘉说：“我最近想开个小吃店，手头还缺七八千块钱，想在你这儿借点儿周转，过段时间就还。”陈书嘉了解这个发小的嗜好，知道他说的并不是实情，借给他钱，无疑是肉包子打狗。陈书嘉敷衍着说：“好！再过一段时间，等我有钱把银行到期的贷款还了，就借给你。银行的钱我可不敢拖，越拖越多啊。”宋志远听陈书嘉这么说，没有办法，也就答应着离开了。

有的时候找借口推脱，比如说“我的钱都被父母管着”，只能让对方认为你摆明了不想借给他钱。所以说，如果为怎样拒绝感到犯难的时候，不如直截了当，把你实际的难处说出来，让对方知道你拒绝他的原因是什么，他一定会因此理解你的。

对于不拘小节善于幽默的人，可以用一句玩笑话表明自己经济上的不宽裕，比如“你看我的脸干净吧？我的兜里比脸还干净呢”，或者“我还想向你借钱呢，现在看来也实现不了了呀”。

朋友既然来借钱，也一定会做好被拒绝的准备。有的时候，得罪对方的原因并不是你的拒绝，而是你采用的拒绝方式。拒绝的方式得当，既不会伤和气，也能达到目的。大家多学几招，必定能从尴尬和为难中抽身而出。

· 讥讽不是有趣

我们在使用积极正面的幽默来赞美周围的人与事时，就如一句谚语所说的那样——“送人玫瑰，手留余香”。反之，如果在不恰当的场合，或不该使用讥讽的口吻说话，却用讽刺幽默来面对周围的人与事时，就会让身边的朋友疏远你。

在这个竞争日益白热化的时代里，由于生活、工作中的种种压力，人们越来越渴望用幽默让自己快乐起来。然而很多人却误解了幽默的含义，以致将讽刺错认为是幽默，把自己的欢乐建立在他人的尴尬上。有的人认为自己比别人优秀，因此会在言语中让别人觉得他高人一等，甚至还会在言语中讽刺别人不如自己。对此，即使别人再谦逊，恐怕心里也会愤愤不平。

一位富家少爷去参加一个慈善晚会。在晚会中，他看到一位漂亮但身份很平常的女士，准备邀请她跳舞。当他邀约后，女士很不好意思地说道：“您怎么会喜欢和我这样一个身份平凡的人跳舞呢？”富家少爷想体现一下幽默，说道：“这不也是一种慈善吗？”

很明显，这位富家少爷的幽默是抬高了自己，贬低了他人，实在是让人难以发笑。当女子听完他的话后，或许会正色对他说：“我想我还是不接受您的慈善为好。”

友谊需要好好维持，婚姻更需要精心呵护。在婚姻当中，夫妻间的语言是一门巨大的学问，若是会说话，生活无时无刻不在幸福之中，若是不会说话，相互间只知道讽刺，那看到对方的那一刻，就会浑身难受。

老王平时很喜欢开玩笑捉弄别人。一次，妻子对他说：“同事都说我胖得像猪。”老王义愤填膺地说：“他们怎么能这么说你呢！怎么能因为人家长得像什么，就叫什么吧！这也太侮辱猪了。”妻子听到自己的丈夫都这么损自己，更加生气，对着老王喊道，“我要和你离婚！”

本来老王的妻子是想得到丈夫的安慰，没想到，丈夫却直言说妻子连猪都不如！要知道，不论是什么样貌的女人都忌讳别人说自己不好看，何况还是自己的丈夫。所以，当妻子听到丈夫的这番话后，自然会气得想要和他离婚。

生活中总有一些人喜欢通过讽刺对方来使自己达到心理上的满足。但有时他们也会“讽刺反被讽刺误”，被对方反讽刺，以致让自己丢了颜面。

一天，小林刚从朋友家回来，恰巧在街上迎面碰上了两个喜爱挖苦人的同事。

随后，他二人很热情地和小林打了个招呼，其中一个拍了一下他的肩膀说：“小林，我们刚才正在为你而争论，你说你这个人究竟是更无赖，还是更愚蠢呢？”

小林马上抓住他们两人说：“哦，答案就是，我处于这二者之间。”

小林的这个回答，不仅使那两位自以为是的同事没有达到讽刺别人的目的，反倒把他们自己绕了进去，自讽了一回。

讽刺就好比是一个哈哈镜，当你面朝它时，就会从镜子里看到自己扭曲的外表，可笑的也只会是自己。所以，我们应该找到一面真实的镜子，弄懂到底什么才是真正的幽默！

· 用有趣的语言说“抱歉”

日常生活中，没有人能做到不犯一点儿错误。犯错并不可怕，可怕的是很多人犯错后，不知道悔改，死不认错。尤其是与他人打交道时，若是自己做错了，就向对方认错，不要觉得这是什么丢人的事情。若是觉得有些磨不开面子，或怕对方不接受道歉，那就要学会为道歉披上幽默的外衣，这样对方会心一笑时，会更容易接受你的歉意。

有一个人在路上骑自行车，结果不小心骑到了道路的左边，正巧和迎面而来的自行车相撞。

被撞的那个男青年站起来张嘴就嚷：“你懂交通规则吗？骑自行车为什么不靠你的右边走？”面对男青年的盛怒，这个人不慌不忙地笑着说：“要是所有人都靠我的右边骑行，那么左边的路不就空着了！”

这句地地道道的“幽默狡辩”把男青年给逗笑了，也把自己的过失给冲淡了，男青年满肚子的火气似乎都随着笑声消散了。

后来，靠左骑行的男青年又微笑着向对方道歉，对方愉快地接受了，客客气气地道别之后，两个人各自回了家。

一场可能发生的冲突，就这样被一句幽默给排解了。

在一次偶然的机会中，马克·吐温与雄辩家琼西·得彪同时应邀参加一个晚宴。席上演讲开始了，琼西·得彪妙语连珠，情感丰富地讲了二十分钟，赢得了全场观众的热烈掌声。

轮到马克·吐温上台演讲时，他突然发现自己的演讲稿不知去向了，要是硬着头皮凭记忆讲下去，不但会远远输给琼西·得彪，而且自己在公众心目中的形象也会大打折扣。

稍做思考之后，马克·吐温站起来走到台上，看着台下众多的听众，面带难色地说道："诸位，告诉大家一件事情，在演讲前，我和琼西·得彪先生相互调换了演讲稿，来展示彼此出众的演讲技巧。刚才精彩绝伦的演讲，正是出自我的演讲稿，很感谢大家那么热烈的掌声。但很抱歉，我把琼西·得彪先生的演讲稿弄丢了，不能替他演讲了。请诸位原谅我的冒失，并允许我坐下。”

场下的观众先是一愣，随即爆发出热烈的掌声。

晚宴结束后，琼西 · 得彪对马克 · 吐温说道：“一直以来我严重低估了你的口才。”

琼西 · 得彪精彩的演讲使马克 · 吐温处于一个心有余而力不足的位置上。聪明的马克 · 吐温避开正面锋芒，利用一个幽默的“谎言”巧妙地掩饰自己的过失，甚至在某种程度上超越了琼西 · 得彪。

当你要吃一粒药时，外面裹上糖衣的药更能让人轻松入口。同样，出现过失的时候，与直接道歉相比，幽默地为自己解释更容易让人谅解接受。

幽默而巧妙的道歉，能够挽救友谊危机，化解尴尬气氛，推进新的人际关系的发展。不过，在这其中，道歉也是需要技巧的，比如，温斯顿 · 丘吉尔对亨利 · 杜鲁门的第一印象十分不好，后来他告诉杜鲁门，自己曾一度严重地低估了他。他仅用了一句高明的恭维话就表达了自己的歉意。

当然，我们在认错的时候需要注意，当发现自己说错话或者做错事情的时候，需要及时认错，认错越及时就越有效果，我们很难想象在几十年后才说“对不起”会发生什么事情。当然，认错的最佳时机应该选在双方都心平气和的时候，这样对方更容易接受你的道歉。此外，认错并不是等对方开始责备再道歉，因为这时的你已经激起了对方的怒火。因此，我们要先发制人，用幽默的语言率先批评自己，这样对方不但不好意思再责备于你，还会宽容你的错误言行。

PART
FIVE

PART 5 用有趣的方式面对不同的人

· 用“自嘲计”赢得尊重

特定的社交场合，自嘲能帮助我们摆脱窘境，调节气氛。但自嘲也是有限度的，不能肆无忌惮地拿自己的缺点和劣势进行戏谑和讽刺。如果不注意维护个人尊严，甚至贬低自我人格，那这种幽默就是低俗的。坚守自尊、自信的底线，恰到好处地自我调侃，才是赢得他人尊敬和信赖的前提。

有一次，俄国诗人普希金参加了一位公爵举办的舞会。在舞会中，他看到了一位年轻漂亮的贵族小姐，便想邀请这位小姐跳舞。这位小姐看了看身材矮小的普希金，轻蔑地说道：“抱歉，我不和小孩子一起跳舞。”这句话尖酸刻薄，而且直指普希金身高的痛楚，但普希金并没有动怒，而是微笑着说道：“很抱歉，我不知道您竟然怀着孩子呢！”说完，他很有礼貌地鞠了一躬。就这样，那位高傲的小姐在众目睽睽之下竟然无言以对，羞得满脸绯红。

如果说，这位贵族小姐拒绝普希金的邀请是傲慢，那么在大庭广众之下故意把一位成年人说成“小孩子”，公开嘲笑其身高就有点儿侮辱的味道了。而普希金佯装不知贵族小姐所说的“小孩子”指的是自己，故意把“我不能和小孩子一起跳舞”曲解成“不能和腹中怀着的孩子一起跳舞”，从而有力地回击了对方的无礼，让她哑口无言。

在生活中，我们难免会遇到别人过火的玩笑，甚至恶意的攻击。比如案例中的贵族小姐对普希金的言语攻击，如果普希金的内心不够强大，就会因为这些小事耿耿于怀，心情郁闷。学会自嘲，既能表现出对他人的尊重，也维护了自己的尊严。

罗斯福在执政初期曾经激烈反对妇女参政，但在1912年，他在新泽西州演讲时又竭力鼓励妇女们参政议政。

一次，演讲结束后，记者问：“罗斯福先生您好，人们清楚地记得你五年前曾反对妇女参政，为什么现在与当初的主张南辕北辙。请问，你转变这么大有什么不可告人的目的吗？”

面对这一尖锐的问题，罗斯福没有丝毫尴尬，而是侃侃而谈：“我承认，以前反对妇女参政，但那是多年前的事情了。

可五年过去了，地球已经绕着太阳转了五圈，如果我的观念没有一点儿变化，岂不是太令人遗憾了！”台下发出了一阵会意的笑声，罗斯福接着说：“我以前反对妇女参政，是观念上的错误，但是现在已经深刻意识到了正确的方向在哪里，所以大力鼓励妇女参政。”

面对记者的提问，罗斯福主动承认了自己以前观念上的错误，并巧妙利用太阳公转说明自己也要有所变化。如此巧妙的解释，不但应对了尴尬的局面，还维护了个人尊严及美国政府的形象。这种不卑不亢的自嘲，更能赢得对方的尊重。

20世纪50年代，美国总统杜鲁门会见了麦克阿瑟将军。众所周知，麦克阿瑟的个性非常桀骜不驯，简直就像一匹难以驾驭的烈马。

在会见刚刚开始时，麦克阿瑟就自顾自地把烟丝仔细放到烟嘴里，正要拿出火柴把烟点燃时，突然停下来问：“亲爱的总统先生，我现在想抽烟，您应该不会介意吧？”

在总统面前这样做，分明就是一种赤裸裸的挑衅行为，杜鲁门内心早已非常不满，但他并没有发作，也没有放弃表达内心的不满，于是回应道：“没关系，尽管抽吧！我脸上接触到的烟雾比任何一个美国人都多。”

听完总统的话，麦克阿瑟觉得在会见总统的庄重场合，自己的举止确实有些过分了，于是这位将军立刻收起烟斗，对总统表现出应有的尊重。

面对麦克阿瑟将军的无礼行为，杜鲁门没有直接挑明，而是采用自嘲的方式提醒对方这种举动并不受欢迎，间接维护了总统的尊严。

在我们的日常生活中，难免会遭遇他人有意或无意的挑衅，甚至会因此陷入尴尬境地。这时，如果因缺少应变能力而采取过激行为，就可能会出现无法挽回的后果，而自嘲无疑是摆脱窘境的一个好办法。

· 为职场增添一丝趣味

不同的职业需要运用不同的幽默，这样的效果才会好。因为不同的职业所接触的职业对象有很大区别，比如教师的职业对象是学生，医生的职业对象是患者，汽车售票员的职业对象是乘客……职业性质不同，职业对象也不同，这一点决定了幽默的特色与分量。

比如医生对待一些比较麻烦的患者时表现的幽默。

有一个医生在凌晨三点钟接到了自己的患者打来的电话，对方说："我并不想打扰您，可是我得了严重的失眠症。"

"那你想怎么样？"医生幽默地问，"难道要传染给别人吗？"

显然这位医生的幽默也带有职业色彩，他使用了"传染"这个医学用语来表达自己的无奈。

公共汽车售票员经常会遇到各种难题，他们的应对需要温和周到。

在一个雨天，有位女子带着一条腿上沾满污泥的狗上了公共汽车，她坐下后就问售票员："假如我给这条狗买一张票，它是否能跟其他乘客一样有个座位？"

售票员很客气地说："当然可以，不过您的狗也必须和其他乘客一样，不能把脚放在椅子上。"

这位售票员利用幽默委婉地拒绝了乘客的无理要求，而又不失分寸。

售货员若能运用幽默来应对微妙的事情，就能够销售出更多的东西。

有一位售货员性格活泼，他会这样给顾客介绍电动脱毛器："三个月内马达不动了来找我，当然没电池可不行。这电动剃须刀是男女老少的必备用品。哦，婴儿暂时不可用。"他教人用法时说："胡子少的人可以每天一次，每次一片；胡子多的人就每天两次，每次两片，一定用白开水送服。"

这位售货员一会儿谈到马达，一会儿又说起吃药，这是一种在销售中培养的有意错置的荒唐幽默法。

还有一个浴室服务员，喜欢用幽默来应对棘手的工作问题。这位浴室服务员为人诙谐，每逢周末人较多时，他就说："星期礼拜，团结友爱，互相照顾，动作要快。"有时候他会说："洗完的朋友快穿衣服了，外面有人在卖便宜货。"

这位服务员爱说顺口溜，使用了夸张幽默法，很符合他的职业性质。

在商业交往中，幽默也非常重要，它能使卖者与顾客的关系更为密切。

菜市场里有个幽默的小伙子，他经营了个小小的肉摊，却有很多顾客，原因就是他很会讨顾客喜欢。比如当他看到中老年顾客，就装作没看清："您好，年轻人，买些小牛肉吧，香嫩可口，年轻人吃了小牛肉会很健壮。"老年人被称为"年轻人"当然非常开心，再加上他能巧妙地介绍产品，生意当然好了。

商贩们要主动跟顾客搞好关系，尽可能不说顾客“老”，这也是一条成功的秘诀。

职业的幽默没有固定模式，只能依照不同职业、对象以及境遇，灵活运用，但必须以“爱”为基础。

社会上有各种各样的需求，工作的种类至少也有三百六十种。无论从事什么类型的工作，都要用轻松愉悦的态度去应对挑战。即便在严肃的工作中，也不妨幽默一下！

· 掌握谈话对象的内心

在社交场合里，我们所面对的人是形形色色的。正因为如此，他们的兴趣、爱好，以及文化修养、身份背景等，也会有所不同。假如我们不能根据他们各自的特点，说出有针对性、恰当的话来，那么必定会招致他们的反感，让自己成为一个不受欢迎的人。

懂得幽默技巧的人，会在分清对象的前提下，适时说上几句幽默风趣的话，这对活跃气氛必然是有帮助的。但倘若选错了幽默对象，或者在不合适的场合说了不合时宜的话，便会适得其反，让人啼笑皆非。

一天，小田去参加宴会，由于出门晚了，就显得有点匆忙。到了宴会上，他急忙找个地方坐下，刚好看见自己最爱吃的烤乳猪就放在自己的面前，高兴地说道："我运气真好，竟然能坐在烤乳猪的旁边。"

话刚说完，他就发现有些不对劲，只见身边一个胖胖的女士正对他怒目而视。这时，他知道自己说错话了，赶忙解释道："我不是说你，我是说那只烧好了的。"

原本不解释还好，可这一解释反倒更乱了，那个胖胖的女士当即大怒，和他吵了起来。

这便是说话不看对象所造成的恶果。其实小田的话并没有讽刺、嘲笑胖女士的意思，但胖女士听见了，以为说的是自己，就觉得很不舒服。再加上他又词不达意地解释了一番，更是加深了误会，致使自己在社交场合形象扫地。

因此，在与别人交往的过程中，一定要根据对方的具体情况，选用恰当的幽默表达出自己的思想，融洽双方的关系。

如果我们能根据所遇到的人的具体情况来表达幽默，就能使幽默在人际关系中起到润滑剂的作用。但很多时候，尤其是在和对方初次相见的情况下，我们对对方的生活背景缺乏了解，常常不知道说什么话或怎么表达幽默才合适，这就对我们的人际交往提出了挑战。

要知道，有些场合，在陌生人面前缄默不语是非常不礼貌的，但如果不慎说错话、造成不良影响，就不仅仅是不礼貌的问题了，简直就是天大的错误，日后再想挽回，更是难上加难。

难道这样难道就没办法了吗？非也。善于幽默的人都知道幽默的一个原则——与人为善，不嘲笑别人的缺点，一样能达到活跃气氛的目的。

黄宏在一次演出中受到广大观众的热烈欢迎。当时的情况是这样的：客串主持人是一个台湾来的三流歌星，她两次上台报幕都让观众轰了下来，最后只好请黄宏出场。

为此，这个主持人十分不解，她对黄宏说道："真是没想到，你在这里竟然这么受欢迎！"

黄宏微微一笑说："那是你还不了解，其实像我这样普通话说得不好的，在这儿都很受欢迎！"

这样一番自嘲的话，使得对方听了心里很舒服，且容易接受。但有一点必须说明，黄宏是演小品的，不说普通话是演出的需要。

漫画家方成名气大了之后，有人向他求字，他不好拒绝，就委婉地写：平时只顾作画，不知勤习书法。提笔重似千斤，也来附庸风雅。之后，又有朋友来求字，他又写道：没正经临过帖，动笔歪歪斜斜，横不像横，撇不像撇，谁敢要，我敢写。同样的，他也是根据自己所交往的对象，来进行恰到好处的幽默，不仅产生了不错的效果，还展现了自己高雅的情趣与平易近人的个性。

· 学会调侃

人们在聊天说话的时候，适度地开个玩笑、调侃一下，能够营造说话氛围。有的时候，我们和他人聊天因为没有话题或者陷入尴尬时，适当调侃一下，能让枯燥紧张的气氛活跃起来。

我们常常可以因地制宜，寻找一些人或事作为对象，开一些无伤大雅的玩笑，用幽默的话语缓解尴尬的气氛。尤其是和陌生人初次见面的时候，因为彼此不太了解，难免气氛会显得尴尬。这时候，如果可以开动脑筋、仔细观察，找到一个双方都感兴趣而且又有趣的话题，就可以迅速带活现场气氛，也会给对方留下深刻的印象。

李小萌是个很有主见的人。在家里，李小萌管老公管得非常严。虽然老公脾气很好，但有的时候难免也会抱怨。

这天，李小萌老公要外出，李小萌说："在外少喝酒，少和不三不四的朋友聚会。晚上也不能去酒吧KTV，九点之前必须到宾馆，然后和我视频聊天，我要看到你回到宾馆才行……”老公边挑衣服便打断李小萌的话，发牢骚说：“别人家的男人都是一家之主，我在家却像个儿子，你这么跟叮嘱儿子似的唠叨，让人家知道我怕老婆还不笑话死我。”

李小萌看着老公委屈的模样，笑眯眯地说：“老公你不知道，怕老婆对男人来说好处多着呢！怕老婆首先能长寿，因为老婆管得严，烟酒肯定是沾不了了，这样生活习惯好了，身体自然就好，还不长寿？再说了，怕老婆还省钱，能避免不必要的交际，少花多少冤枉钱。怕老婆的男人还有利于今后的事业发展，你想啊，怕老婆的男人因为长期惧内，磨炼出细心谨慎、反应迅速的个性，这可是在职场上很重要的素质呀！”

老公被李小萌这一套一套的话逗得哈哈大笑，只好说：“好好好，这么多好处，别人还求不来呢，我就好好享受好了！”

李小萌在面对老公的抱怨时，并没有针对老公的话反驳或者用命令的口气让老公不许抱怨，而是拿老公“怕老婆”这个话题，用“一本正经”的语气调侃了一番。这样的俏皮话不但让老公心中的抱怨消失，还促进了双方的感情。

生活中遇到令人不快的事情，若是用过于严肃的态度生活，难免太沉重，生活也会笼罩一片灰暗。如果换一种心态，在生活中调侃一下，就会显得诙谐幽默，大度自然，感觉生活中充满阳光、希望和快乐。在面对一些尴尬或令人不快的问题时，调侃几句还能将自己从中解脱出来。擅长言辞的人同时也是一个心存快乐的人，他会给自己身边的人带来莫大的欢乐。

美国有一个著名的女影星，在她演艺事业的巅峰时期，美丽的身姿一直活跃在银幕上。但是时光易逝，这位女影星晚年的时候却苗条不再，日渐发胖。她也发现了自己越来越胖，所以朋友们叫她去海边或者是游泳，她都找各种理由推辞，怕被人看到自己走样的身材。

但是有一次，一位娱乐记者偏偏就针对这个问题向这位女影星发问："尊敬的女士，您是不是因为自己身材太胖，怕出丑才不去海滨游泳的？"

这位女影星想了一下，非常干脆地回答道："您说的很对，我是因为太胖了才不去海边的。我怕我们的飞行员在天上看到我时，以为发现了一座新的海岛。"

周围的人听后，发出阵阵欢呼声和笑声，不由得鼓起掌来。

这位女性通过调侃自己的方式，把尴尬化解于无形中。既没有被记者牵着鼻子走，也让整个气氛不至于陷入沉默。同时，也给所有人留下了一个开朗、幽默、睿智的好形象，显出自己不凡的人格魅力。

平淡无聊的生活太过乏味，尴尬难堪或者伤心绝望也会给人们带来伤痛。会调侃的人懂得如何给生活添加佐料，为生活换一个味道，即使心情郁闷，也能通过调侃自己的方式给别人传达自己乐观坚强的信息。学会用调侃的态度面对生活的人，一定是一个热爱生活、大智若愚的人，因为他身上闪耀着幽默的人格魅力，会得到更多朋友的喜爱和欢迎。

但是，我们也应该注意，调侃是需要有一个度的。不能因为调侃而陷对方于尴尬的境地。不论是和陌生人第一次会面，还是参加同事聚餐，和朋友亲人聊天，要想活跃气氛，千万注意不要将调侃引入歧途，不要说一些不雅或者敏感的话题，否则只会适得其反。

· 用有趣赢得同事的好感

幽默是一门引发笑声的艺术，而笑作为一种愉悦的表达，最易使人产生好感，增进彼此的亲近感，从而建立和睦的关系。

在单位，同事就是你的合作伙伴，如果无法和同事搞好关系，那工作想要做到位就变得非常困难。同事之间关系融洽，有利于工作顺利进行；同事之间关系紧张，经常产生矛盾，就会影响正常的工作，阻碍事业的发展。

因此，我们应该用幽默为自己做个广告，使人们看到你的真诚和善意、智慧与活力，进而改善自己的人际关系，创造和谐融洽的职场关系，推动工作的顺利进行。

一天下班前，几个已经结婚的同事做着最后的整理。同事甲帮了一位女同事乙一个忙后，想活跃一下气氛，以缓解这一天的劳累，于是就开玩笑要乙请客。同事丙一听，在旁边插话说："你们孤男寡女的出去吃饭，容易引起误会，不如带上我一起去吧。"女同事乙听后立刻认真回道："不用了，和一个男的出去还算正常，带两个男的出去吃饭，别人会认为我更过分，那对我的误会就更大了。"三个人顿了一下，然后狂笑不止。

由此可见，工作中的幽默真的可以使大家的关系更加融洽。

办公室里老张素以机智著称。某日工作累了的小王想放松一下，于是特别找了一个题目来刁难他。小王说："老张啊，歇会儿吧，问你个问题，你可知世界上最吃亏的事是什么？"老张想了想说："不知道。"小王说，"就是一个人死了，他的钱还没有花光。"此时，大家都看着老张，心想他这回可没什么好说的了。谁知老张愣了一下，随即说道，"小王啊，那你知不知道世界上最惨的是什么事？"小王摇头说不知道。随后，老张说，"就是一个人钱花光了，他还没有死。"老张的幽默让大家当场笑翻。

办公室幽默是缓解工作压力的良方，同时也是促进同事间感情的好办法。

小刘是一个经常和同事开玩笑的人，有一天想跟一个同事学说蒙古语。他问："用蒙古语怎么说'表弟'？"同事说道："哺里弟哥（'哺里'为表兄弟或堂兄弟的意思，'哺里弟哥'就是表弟的意思，可其读音又好似蒙古语'龟球'的意思）。"小刘反复发音练习的同时，好像发现了什么，惊奇地说，"这蒙古语的表弟二字怎么与汉语相似呢？除'哺里'之外，这'弟哥'，也与汉语'兄弟'一样不是吗？所以这'哺里弟哥'也好记啊。"同事说，"记单词的最好的方法是你要经常使用它，你以后就是我的表弟'哺里弟哥'了。你以后见我就说'我是你的哺里弟哥'吧。"第二天小刘见到其他懂蒙古语的同事，就说，"我是你的哺里弟哥。"使那些同事笑得死去活来。最后那位教小刘蒙古语的同事告诉他"哺里弟哥"的谐音意思，小刘弄明白后大笑不止。不过他们还是好朋友，从那以后，他一见那个教自己蒙古语的同事就兴奋地说，"老表弟'哺里弟哥'你好！"

同事之间开一开玩笑，感情增进了，工作更起劲了，何乐而不为？

同事间相处不好的原因不是真的处不好，而是没有把握机会。同事之间不一定要经常剑拔弩张，互相用幽默戏弄一下对方不无裨益。同事间的幽默不仅可以促进感情的交流，营造和谐融洽的关系，而且可以缓解工作中的紧张气氛和疲劳感，可以使人们互相鼓励，使同事充满精力，动力十足地完成手中的工作。

幽默不单单是引人发笑，而且能给人们心理上带来一种轻松和快慰。幽默是对他人过失的原谅，是对周围环境的喜剧式调侃，也是对自我困境的一种自嘲和解脱。幽默绝对是善意的，绝不夹杂半点恶意，它是对恶意的一种消解和抹平。

· 有趣，化解职场冲突的小技巧

因为缺乏深入了解，无法及时沟通，人们在职场中不可避免地会发生或大或小的冲突。尽管这些冲突大多是因为一些小事，或是引发歧义的一个动作，或是不合时宜的一句话，抑或是理解上的偏差，但如果不能及时处理，就会引发更大的麻烦。

当职场冲突无可避免时，高情商的人懂得运用幽默口才去化解，将自己从冲突的边缘解救出来，远离危险的旋涡。

李海逸在一家大企业担任宣传部门的文员。平时，他虽从未出错，但有时做事也有拖延的毛病。

由于公司最近要与另一家更大的公司合并，人事调动彻底打乱了他的平静生活，新同事也对他有很大的敌意。办公室关系很不协调，加之李海逸能力平平，所以他在人事变动中浮沉不定。

一次，李海逸又拖了大家的后腿，新来的同事对他质疑更深，打交道时的态度也变得极不友善。面对大家蔑视的眼神，他故作悲哀地说：“我看大家都愿意我被辞退，因为无论什么事情我都是落在最后。”

李海逸一番自我调侃、勇于认错，把周围的同事逗得哈哈大笑。大家对他的不满渐渐也就没那么深了。

李海逸有拖延的毛病，面对同事的质疑，他通过自嘲凡事落于人后的事实，既表现了率真的一面，又展示了幽默风趣的魅力。同事们因为他这句自嘲的话，拉长的脸变成了笑脸，气氛顿时不像原来那样凝滞了，双方的关系逐渐变得融洽起来。虽然这位同事还是有办事效率低下的毛病，但同事因为他有一种诚恳的自我评价的态度，对他还是产生了信任和亲近的感觉。可见，是幽默感帮李海逸与同事建立了友好善意的关系。

在职场中，人们也常常会遇到这种情况：自己不愿意做某件分外的事情，可是领导提出了要求，如果直接拒绝，不免得罪领导，甚至产生冲突；如果选择接受，内心又极不情愿。无论进或退，都令人左右为难。在这种情况下，你可以运用幽默口才巧妙拒绝，相信领导会在笑声中理解你的意思，避免产生误解。

范丽丽是公司新入职的员工。一天，她端着一杯水从茶水间走出来，正撞上风风火火的企划部经理。一不小心，水洒了经理一身。

“丽丽，你也太不小心了。”从茶水间走出来的陈明大声埋怨。

范丽丽本想道歉，但听到陈明的话，顿时感觉心里溢满了委屈。明明是经理匆匆忙忙得撞了过来，陈明却不明就里，大声斥责自己。范丽丽忍无可忍，准备与陈明辩解。

“这事不怪丽丽，是我走路风风火火，没注意周围，碰洒了丽丽手里的水。现在浇了一身，果然没了火气。”经理一番幽默解说，让范丽丽忍俊不禁。她明显感受到了经理的歉意，不想再与陈明争辩了。

陈明闻言也笑了，有点儿尴尬地看看范丽丽，急忙点头致歉。于是，一场即将爆发的冲突被经理幽默的话语轻松化解了。

经理机智幽默，主动把责任揽到自己身上，照顾了范丽丽、陈明的面子，让双方化干戈为玉帛。这一做法充分展示了一个领导者的高情商，值得所有人学习和借鉴。

许多职场冲突都源于冲动与误解，当一句有歧义的话脱口而出时，当不经思考就做出某个令人误解的动作时，当场面最终陷入紧张时，职场冲突就会一触即发。与其过后追悔莫及、狼狈道歉，不如一开始就用幽默圆场。

马场老板带着新来的女员工骑马巡视马场。走着走着，眼前出现了两匹马，一公一母，没一会儿它俩竟然交颈交配起来。马场老板见状，笑嘻嘻地对女员工说："你看啊，那正是我想要做的。"

女员工听了并没有发怒，而是哈哈一笑，大声说："那您就尽管去做吧，毕竟整个马场都是您的。"

很明显，马场老板想要趁机占女员工的便宜，说出了很不礼貌的暧昧暗示，但女员工并没有直接斥责，而是故意装糊涂、开玩笑，让马场老板自己碰了个软钉子。

这种幽默式的反击应对职场骚扰非常有效，只要抓住对方言辞、肢体的小辫子予以反击，比迎头给他泼一盆冷水更有效果。

用幽默化解职场冲突时，要明确自己的目的，并选择适合的技巧，切忌把幽默圆场与耍无赖混为一谈。另外，你要明白“伸手不打笑脸人”，表达幽默时要注意表情和动作，先给对方一个善意的微笑，更容易提早达成和解。

· 拉近客户的趣味法则

心理学家认为：幽默是一种最富感染力、最具有普遍传达意义的沟通艺术。我们从来不会否认幽默在人际交往中的作用。俗话说“笑一笑，十年少”，人们大都喜欢与那些富于幽默感的人交往，因为他们总能给人带来一种心灵上的愉悦和轻松。在日常工作中，当我们面对客户时，幽默的语言可以帮助我们拉拢客户，从而促使生意顺利进行；在工作中，生意本身会让客户对我们充满戒备与敌意，假如我们适当运用幽默的技巧，就可以消除客户的紧张情绪，从而促使整个洽谈过程轻松畅快，充满人情味。所以说，在生活中，那些富于幽默感的人更容易获得客户的欢迎，赢得他们的信任，使交易走向成功。

有个人准备买房子，一家房产销售对着他夸着这个新楼盘是多么多么好，说小区绿化也好，物业也尽责。

就在此时，远处走来一队送葬的人，他们哭声震天地从客户面前经过。这位推销员立刻对客户说："你们看，这位可怜的人——他是这儿唯一的医生，没想到却被活活饿死了。"

假如推销员对送葬队伍这件事没有一个合理的解释，恐怕客户也很难将他先前的吹嘘当作一回事，而且还会对推销员的印象大打折扣，甚至对他介绍的房子产生怀疑。而推销员的随机小幽默恰好打破自己所面临的尴尬，并用幽默的语言赢得了好感。

张辉是一位销售员，他推销的是一种钢化玻璃酒杯。有一天，张辉在一个企业中推广自己的酒杯，为了证明这种酒杯的经久耐用。张辉举起一个酒杯，扔到了地上。没想到的是，，这个酒杯"砰"的一声，摔碎了。

看着他表演的人们都睁大了眼睛，一头雾水，纷纷怀疑道：难道是产品不靠谱吗？张辉看到这种情况也傻眼了，但他很快恢复了平静，说道："像这样的，就属于残次品，我们公司是绝对不会卖给大家的。"

大家听了张辉的话都笑了起来，虽然知道他是给自己找台阶下，但也被他的机智折服。张辉又拿出五六个酒杯，每一个扔在地上都没有摔碎。大家看到后，都纷纷掏钱买了这种酒杯。

张辉之前没想到会出现这种失误，对于突如其来的状况只有随机应变。他巧妙地应对，让突发的情况成为推销的一个环节，从而制造出强烈的幽默效果，达到了推销的目的。

在日常工作中，当我们与客户洽谈的时候，很容易出现难堪的场景，比如像案例中的这种情况，这时就可以用幽默的语言化险为夷，在紧急时刻恰到好处地运用幽默来帮助自己摆脱尴尬。幽默的人走到哪里就会把快乐带到哪里，假如我们是一名幽默的上班族，那在整个交易过程中，将会给客户带来许多欢乐，让客户倍感愉悦。因此，在销售过程中，不妨适时地幽默一下，缓和与客户之间的紧张气氛，快速达成合作的目的。

当我们在使用幽默的沟通方式时，沟通的双方往往会处于一种轻松愉快的情景中，并且降低或放下戒备，以一种乐观舒适的心态倾听和理解对方。因此，当我们在与客户打交道的时候，幽默是建立信任、增进关系的最佳策略，假如我们可以让客户笑，那我们就能促使他们购买我们的产品。

当然，在面对客户的时候，我们可以适当地说一些笑话，这样可以快速降低客户对我们的敌意，促使销售成功。不过，言语千万不要过分，一旦掌握不好分寸，就会给客户留下轻浮、不可靠的印象。我们在紧急情况下需要调侃幽默的时候，不要拿客户的一些私人问题说笑，以免引得客户不悦，使客户觉得我们不够尊重他。此外，幽默也是要分客户的，当我们打算轻松幽默一番的时候，最好分析一下客户是否喜欢幽默，假如我们遇到的是一本正经的客户，那就直截了当，而不能故作幽默。

· 用微笑增进同事关系

“不把同事看成是朋友”是很多职场人士的信条，然而，“不把同事当敌人”却是容易被职场中的很多人忽略的。身在职场，你不能够对你的同事怒目相视，在职场上最得体的表情便是微笑。尤其是刚踏上工作岗位的毕业生一定要学会微笑。俗话说“爱哭的孩子有糖吃”，但在职场中，爱笑的人才会得到自己想要的。在职场上只有微笑，才能建立良好的人际关系，顺利地开展工作。

在工作中，微笑不再是真情流露，而是一种职业表情，即使是跟别人吵了架，跟家里闹翻了天，或者破财遇祸事，都不能把沮丧的表情挂在脸上。每天出门前，把一切负面情绪都咽到肚子里，然后面带微笑迎接新一天的工作。

时间长了，你就会发现每天面带微笑会给你带来许多意外收获，因为，微笑不仅是友好的标志，也是礼貌的象征。在工作过程中，微笑能加深同事间的感情，调节工作时紧张的氛围。

关敏刚到公司上班时让很多同事都感到惊叹，人们经常私下议论：这个小姑娘年纪轻轻，却一直面带微笑，看不出任何情绪波动。这主要得益于关敏大学毕业前在肯德基打工的经历。

肯德基要求服务员学会“微笑服务”，他们每天都强调：“顾客对了，要对他们微笑；顾客无理取闹，也要对他们微笑，并且耐心地解释。”可这些要求对一个心高气傲的年轻人来说，是耐心和毅力的极大考验。刚开始关敏总觉得不习惯、不适应，可时间一长了，关敏发现，微笑是与他人沟通最有效的方式。也是因为这段经历，她尝到了微笑的甜头，并把它带到了毕业后的正式工作中来。

关敏现在不再做一线的服务行业了，而是成了办公室里的一个小白领，每天在自己小天地里与电脑交流。但是即使如此，每当有人跟关敏说话时，关敏下意识的表情都是嘴角上弯，小虎牙微露，让对方还未说话心情便已豁然开朗。久而久之，同事们都很喜欢这个每天带笑的小姑娘。也有人批评关敏的微笑太职业，不算真正发自内心的笑，但是关敏觉得即使在自己心情郁闷的时候也能微笑着对待别人，这也充分表明了自己对对方的尊重。

有些职场人士不太喜欢微笑，而且也不习惯脸上总挂着笑容。微笑不仅能够让他人感到自己被尊重，也会让自己低落的情绪得到回转。

那么，怎样微笑才是最美的？微笑是由五官协调完成的。切忌皮笑肉不笑。与此同时，微笑也要讲究度，在正式交谈中哈哈大笑，不仅会让对方感到反感，也会让大家十分尴尬。微笑如果加上得体的手势或者肢体语言，会更加的自然、大方，效果立竿见影。

其实，在工作中，尽管心里可能不赞同对方的做法，但你还是要保持微笑。大部分时候，微笑与心情好坏无关，而是源自对他人的尊重和礼貌。

· 营造轻松有趣的谈判氛围

美国幽默大师罗伯特·奥本说：“每天早上起床后，我都会看一遍福布斯美国富翁排行榜。如果上面没有我的名字，我就去上班。”这是一句多么幽默的话语，不仅给人带来了快乐，也温暖了自己的心灵。幽默，是快乐的精灵，在很多时候，我们需要运用幽默的语言来营造良好的谈话氛围。在日常工作中，许多人都表现得太严肃，他们总认为凡事都应该认真，开不得半点玩笑，否则会坏了大事。事实并不是这样，幽默恰恰为枯燥的工作带来了快乐，缓解了压力，在轻松的氛围中，再谈谈工作的事情，或许，彼此都会感到轻松不少。尤其在谈判场合，更需要我们恰当地运用幽默语言来创造良好的谈话氛围，化解谈判过程中的尴尬，最终促成谈判的成功。

美国谈判大师荷伯·科恩曾说：“世界是一张巨大的谈判桌，谈判存在于生活的方方面面，很多时候，我们自觉或不自觉地就成了某个谈判的参与者。”在日常工作中，谈判更成为我们工作中一项必不可少的内容。大多数人认为，谈判应该是庄重的、严肃的，其实，若是在谈判中插入幽默的语言，不但可以缓和紧张形势，营造出友好的谈话气氛，还可以缩短彼此之间的距离，钝化对立感，使整个谈判变得更融洽。

1943年，英国首相丘吉尔与法国戴高乐将军因叙利亚问题产生了意见分歧，两人心中都有芥蒂。而在这之前，丘吉尔颇为看重的布瓦松总督被戴高乐逮捕了，对此，双方都感觉这个问题变得棘手了。如果要想解决这个问题，只能面对面地谈判。当时，丘吉尔的法语讲得不是很好，而戴高乐的英语却讲得很漂亮。

两人见面后，气氛变得紧张起来，丘吉尔先用法语打招呼："女士们先去逛市场，戴高乐和其他的先生跟我去花园聊天。"然后，他高声说了几句英语，"我用法语对付得不错吧，既然戴高乐将军英语说得那么好，一定能够完全理解我的法语。"话音刚落，戴高乐将军以及其他人都笑了起来。丘吉尔的这番幽默消除了之前紧张的气氛，建立了良好的谈话氛围，使整个谈判得以在和谐与信任中进行。

丘吉尔与罗斯福的谈判，也可以说是幽默语言使用的典型例子。在第二次世界大战期间，英国武器短缺，丘吉尔来到华盛顿会晤美国总统罗斯福，请求军需物资方面的援助。

会谈当天的凌晨，丘吉尔还躺在浴盆里，嘴里抽着雪茄，正在思考问题，没想到，罗斯福突然走了进来，两人相视愣住了，丘吉尔笑了，说道："总统先生，大英帝国首相在你面前可真是没有半点隐瞒啊！"说罢，两人都不约而同地笑了起来，而此次谈判成功地推动了英美合作。

如此看来，幽默语言是谈判过程中的润滑剂，同时，也是化解谈判僵局和消除紧张气氛的良药。谈判双方是一对矛盾的统一体，为顺利达成协议，双方不可能摒弃竞争，更不可能拒绝合作。为了让合作更顺利一些，有一个良好的合作气氛是非常必要的，这是从谈判之初就应该考虑并注意的。

前不久，中方代表就一个合资项目与某国财团进行谈判。谈判刚刚开始，对方就说："我方设备技术先进，拥有自己的专利权，希望你们能开出一个令我们满意的价格。"如此漫天要价，使整个谈判陷入了僵局。

这时，中方一位代表站起来，说道："中国是一个有着几千年悠久历史的文明古国，我们的祖先在一千多年前就将四大发明——指南针、造纸术、印刷术、火药的生产技术无条件地贡献给了人类，而我们的子孙从未埋怨过他们不要专利权，反而称赞他们为推动人类科学技术做出了贡献。今天，中国在与世界各国的经济合作中，并不需要你们无条件地出让专利权，只要价格合理，我们是一分钱也不会少给您的。”不卑不亢的语言，融入了幽默的力量，最终，谈判成功，对方愿意降低专利费。

如果双方就专利费各持己见，互不相让，那么，谈判肯定会陷入僵局。中方代表一席幽默语言，使整个谈判脱离了僵持的困境，缓和了紧张的气氛，促成了合作的订立。现代社会，随着市场经济的发展，我们谈判的机会一直不断地增加。于是，在谈判中，越来越多的谈判者喜欢追求幽默的语言，与此同时，幽默的语言也成了每一个谈判者获得成功的重要途径。

幽默的语言，对于营造良好的谈话氛围，促成谈判成功有重要的作用。许多人在谈判中都会有胆怯、不安的心理，这是在所难免的，这时，如果使用幽默的语言，就可以消除这种心态，使彼此在一种轻松自然的氛围中谈判。在谈判过程中，由于某些原因导致谈判的双方处于进退两难的窘迫局面，这时，一句幽默的语言往往会令彼此相视而笑，那些让人不自在的氛围自然会松缓下来。

PART
SIX

PART 6 感受被“有趣”填充的生活

· 扩大有趣的影响

幽默不但是一种语言艺术，也是一种智慧，一两句就把畸形、讳莫如深的东西端了出来。这也就是人们常说的“小幽默蕴涵大道理”。因此，在说服他人的过程中，我们也可以深入浅出，借鉴小幽默来达到说服的目的。

一次，爸爸带着儿子去旅游，不巧的是，在半路上就下起了雨，阴霾的天气让儿子很郁闷，于是开始抱怨起天气来。这时，爸爸先跟儿子讲了一个故事：

有两个中国台湾观光团到日本伊豆半岛旅游，路况很坏，到处都是坑洞。其中一位导游连声抱歉，说路面简直像麻子一样。

而另一个导游却诗意盎然地对游客说：“诸位先生，我们现在走的这条道路，正是赫赫有名的伊豆迷人酒窝大道。”

听完爸爸讲的故事，儿子说：“爸爸，我们是不是该取消去承德避暑山庄的计划？”

的确，从这位父亲身上，我们除了看到他的机智幽默，更看到了他的睿智。面对儿子对天气的抱怨，他并没有直截了当地告诉儿子：抱怨毫无作用。而是借用一个幽默的小故事，让儿子明白一个道理：虽是同样的情况，然而不同的角度就会产生不同的态度。思想是何等奇妙的事，如何去想，决定权在你。

的确，幽默的真正作用并不仅仅在于单纯地搞笑、诙谐，而是传达一种意义，体现一种智慧。

幽默是一种智慧，它可以给人带来快乐和轻松。在与人交流中，如果多用幽默的语言沟通，相信你的沟通和说服能力一定会很出色。

苏联作家高尔基曾在苏联作家协会理事会的第二次全体会议上做了一次简短的讲话。他在批评一些诗作缺少生活时说：“——同志们，诗人很多，但有巨大诗才的，在我看来却太少。他们写的诗长达几公里（笑声）。——我不想谈论伟大的诗歌和大诗人，我在这方面是外行，失掉了这方面的鉴赏力，所以我念诗很费力（笑声）。——不久前，我在一个作者的作品里找到了这样的句子，‘他举起手，想摸摸她的肩膀，正在这时候，无畏的死神追上了他’（笑声）。——说得多别扭啊！”

这里，高尔基在批评那些缺少生活和闭门造车的人时，使用的便是引用法——引用具体的、滑稽的诗句，这样，不仅能让在座者看出具体存在的问题，还能起到批评指正的作用。

还有这样一个故事：

有一位顾客坐在一家高级餐馆的餐桌旁边，把餐巾系在脖子上。餐馆的大堂经理感到非常尴尬，就叫来服务员说："你让那位‘绅士’懂得，在我们的餐馆里，那样做是不被允许的，但是话要说得尽量委婉一些。"

这位服务员来到那个人的桌子旁边，很有礼貌地问道："先生，你是刮胡子，还是理发呢？"话音一落，那位顾客马上意识到自己的失礼，赶快取下了餐巾。

故事中的服务员并没有直接指出客人的失礼之处，而是以幽默的方式询问两件与餐馆服务项目毫不相干的事情——

刮胡子和理发。从表面来看，似乎服务员问错了，而事实上他是通过这种风马牛不相及的幽默话语，来善意地提醒这位顾客，不但使顾客意识到自己的失礼之处，而且又做到了礼貌待客，不伤害客人的面子。这个服务员用的正是旁敲侧击的幽默技巧。

很多时候，一些看似幽默、有趣的生活现象却能对人们起到警示的作用。正如司马迁所说，幽默是“谈言微中，亦可解纷”，虽然有的“不合大道，然令人主和悦”。幽默的语言可以创造良好的交流氛围，可以减轻彼此的压力，用小幽默说服他人更能让人领会你的话中含义。

具体来说，用小幽默说服他人需要做到以下几点：

1. 先调节气氛

诚然，幽默能起到消除尴尬、化解矛盾、调节沟通气氛的目的，但无论是说服陌生人，还是你的朋友、同事，过于直白都难免不宜，这时就要适时地调节一下气氛，使谈话不至于停顿。另外，先调节气氛，有助于我们适时地引用小幽默。

2. 适当地引导

我们沟通的对象是有差异的，有些人善于交谈，在交谈中表现出愉快的情绪，而有些人则是不善言谈的。他们不仅很难将自己的意思表述完整，而且在交谈中还总是跑题，不知所云。这样的情况，不论你硬性打断还是强行将对方拉回沟通主题上，都会伤害到对方，让彼此陷入尴尬。因此，最好的办法还是使用幽默，巧妙地、不着痕迹地引导对方始终围绕着主题说。

需要提醒的是，幽默是一种语言智慧的体现，不是讲笑话。如果我们把讲笑话当成幽默，那就大错特错了。

总之，妙用小幽默形容、描绘某事物往往能显示出形象、生动、逼真的长处，给人俏皮、诙谐之感，使语言表达的艺术性大增，从而使其妙趣横生，余味无穷。但需要注意的是，小幽默用得巧，可使言语生辉；用得不当，就会适得其反。因此，值得重点注意的一点是，运用小幽默要适当，做到少而精，切不可滥用。

· 用有趣的方式调节压力

由于当今社会竞争异常激烈，工作压力已经成为职场人士的主要压力，若能处理好，压力就有可能转化成动力，但若处理不好，就会让人心烦意乱，并失去工作积极性，那么压力就会成为阻力。所以，为了提高工作效率，让工作变得更轻松，就需要我们采用自我调节的方法，来缓解工作压力。

幽默是自我调节方法中非常重要的一种，它能帮人缓解紧张情绪，驱逐挫败感，并能解决各种复杂问题。

有这样一家人，他们的家族专门从事危险的行业——用炸药爆破建筑物。可以想象到做这一行在心理上压力会有多大。然而这家人都很喜欢用幽默来化解紧张的压力。当记者与他们聊天时，他们就会讲一些荒谬的故事。一次，他们刚完成一项大爆破工作，新闻记者来采访这个家族中的一员，问他将怎么处理飞沙和残砾。这个人一本正经地说：“我们跟一家生产包装袋的公司特地定制了一个巨大的塑料袋，然后直升机会在大楼上空把它扔下来。”

记者被逗得笑弯了腰。正是懂得制造诙谐趣味，让他们在面对工作时可以缓解紧张的心情。

用幽默来缓解工作压力，会比一些抽象的理论更有效果。通常，与同事开几个玩笑，也可以缓解工作中的压力。

两个不同保险公司的业务员聊天。他们都说自己的保险理赔快。第一个保险员说道：“我们的投保人第一天发生意外，赔付款第二天就能打到客户的账户里。”

第二个保险员说道：“你这算什么。我们公司在大厦二十层。当投保人从大厦楼顶跌落时，经过我们公司那层，我们的支票就递到他的手中了。”

与工作伙伴们在一起笑的时候，不但能缓解自己的工作压力，还能创造良好的工作氛围。

当人们负责的工作种类繁多，并且头绪纷杂时，就很容易因为工作压力过大，产生烦躁不安的情绪，这时幽默就有用武之地了。

虽能幽默帮人们缓解工作压力，却不是万能的。由于造成工作压力的原因多种多样，所以在缓解工作压力时，人们除了运用幽默外，还应学习并运用其他的科学的减压方式。

有专家建议，对于经常加班的人来说，应该保证适当的睡眠、规律的饮食，并加强体育锻炼，这样可以在一定程度上起到平衡心态的作用。

· 有趣的交流与员工打成一片

如果你是一位领导者，就应当注意运用幽默口才，在恰当的时候播撒快乐的种子。在日本，有一些企业老板会在公司举办员工同乐会的时候，与员工一起参加幽默表演比赛，让整个公司笑成一片，最后借着这样其乐融融的气氛，建立企业的团队精神。

小田见隔壁邻居养了一只会说话的鹦鹉，十分有趣，就心血来潮也打算养一只鹦鹉怡情养性。于是，他来到一家专卖宠物的商店，刚好店里的三副鸟笼中各养着一只鹦鹉。他兴冲冲地向店主询问价格，店主热情地告诉他："最右边的这一只鹦鹉会说'谢谢、再见、欢迎'等简单性的话语，售价一万元。"听完，小田指着中间的一只再次问价，店主笑眯眯地回答："这只可不得了，它除了会说简单的问候话之外，还会唱童歌呢！所以它价值两万元。"小田心想买东西总要精挑细选，何况货比三家不吃亏。于是，他再次向店主询问第三只鹦鹉的价钱，店主说：“最后这只鹦鹉卖三万元。”小田觉得奇怪，最后这只又没有什么比较奇特的地方，为什么价钱更贵呢？于是向店主询问原因。只见店主笑了笑说：“这只鹦鹉确实是乏善可陈，它没什么本事，可是，据我所知，不知为什么，前面这两只鹦鹉每一次都毕恭毕敬地称它为‘老板’！”

一般说来，大智若愚的老板表面上看起来的确没什么本事，但实际上他的领导艺术是非一般人所能体会的，这就是所谓的领导力。

在任何工作场所，你都能看见这样的场景：团队成员往往把商业看成维系他们存在的纽带，一旦生意走了下坡路，许多公司都会马上缩小规模，减少员工，甚至更改经营策略。最后日复一日，人心惶惶，员工也变得非常被动，工作中难免不出什么问题。在这样的情况下，他们很有可能会选择消极、怀疑的应对方式或者干脆拒绝安排工作。此时，让他们每个人都保持乐观和信心异常重要。所以说，如何让员工保持高度热情的精神状态，而且帮助他们恢复信心，便成了当务之急。

如何让个人与集体在任何一种形势下都保持一种高度的工作热情，并继续沿着企业的既定目标前进呢？当员工灰心丧气时，不妨让他们暂停手里的工作，讲些幽默的故事或者诙谐的笑话，逗大家开心一下。这样的效果也许比说服或施加压力更为有效。

笑声为什么有激励人的功效呢？众所周知，笑声可以缓解压力、舒缓心情、激发智慧，使人信心百倍。

在企业里，多数员工都不会感受到幽默的抚慰。如果一家公司的老板某一天身上穿着一件小丑服装，突然闯进办公室，逗得大家哈哈大笑，员工就会感到老板用心良苦。

笑声也能让人保持活力，即使在面对死亡时，也能够大义凛然。在市场竞争中，如果对手要置你于死地，你却大义凛然地面对一切，这样一来，对方就很难使你一败涂地。既然幽默能成为死亡之前的选择，为什么就不能成为你在面对险境时的选择呢？无论是企业大祸临头，还是个人灾难降临，形势越是糟糕，笑声就越是重要。

有一位经理对天天见面开电梯的小姐说道："请尽快把我送到十九楼去。"

小姐为难地说："对不起，经理，但是这座大楼只有十八层啊。”

“没关系，”经理充耳不闻地说，“小姐，你尽力而为吧！”小姐先是一愣，然后不禁笑了起来。

故事里这位很有幽默感的经理其实是故意这样说的，他的目的是想让这位工作单调的开电梯的小姐能轻松一下。若有这样的上级，谁会不喜欢与其接触或尽力工作呢？其实，只要一点儿小幽默，就能融洽上下级关系。当然，我们也有理由认为，这个经理在处理更为重大事情的时候，应该是更有能力、更易成功的。

与此相反的例子也比比皆是，过于严厉的上级往往会让下属怀恨在心，暗暗与上级对抗。在生活中经常有这样的事情发生，有的员工往上司茶杯里吐口水，甚至还有人把领导汽车刮花……这就是关系紧张的后果。

朗朗的笑声是组织机构的健康之音，与员工亲密接触的最好方式就是幽默。幽默的效用已经被心理学家们确认为企业员工遇到不测而导致心理忧郁症的最好疗法之一。

每个人都喜欢与机智风趣、谈吐幽默的人交往，谁都不愿和那些动辄与人争吵或者郁郁寡欢、言语乏味的人交流。幽默，就像是一块磁铁，时刻吸引着大家，也是一种润滑剂，能让烦恼变为欢畅，让痛苦变成愉快，将尴尬转为融洽。

美国作家马克·吐温平时就特别幽默，有一次他去了一个小城，临行前别人告诉他，那里的蚊子非常厉害。到了那个小城，当他在旅店登记房间的时候，一只蚊子正好在马克·吐温眼前来回盘旋，这使得旅店的员工十分尴尬。马克·吐温却满不在乎地对这个员工说："贵地的蚊子比传说中的不知道聪明多少倍，它竟然会预先看好我的房间号码，以便晚上光顾饱餐一顿。"员工们听后，不禁哈哈大笑。结果，这一晚上，马克·吐温睡得非常香甜。原来，旅馆的全体员工一齐出动，驱赶蚊子，不叫这位博得众人喜爱的作家被"聪明的蚊子"叮咬。

可见，幽默不但让马克·吐温得到了陌生人的特别关怀，还因此而拥有了一群诚挚的朋友。

另外，幽默还能使人感到亲切，懂得幽默的管理者，能够让下属体会到工作的愉悦与轻松。

作为管理者，你进行管理的目的是为了使自己的下属能够准确、高效地完成工作任务，轻松的工作气氛则有利于达到这种效果。幽默往往可以使工作气氛变得轻松起来。

如果员工生病了，那正是管理者关心下属的大好时机。如果你在这个时候用言语讽刺，就与正确的管理经验背道而驰了。

很多管理者平常日理万机，每一天的工作时间往往都在八小时以上，人生的黄金岁月大都是在职场中度过的。如果管理者的领导风格不能令员工心悦诚服，那他的管理工作一定不能称心如意，生活亦会怏怏不乐，而工作目标的完成势必遥遥无期或者大打折扣。如此一来，他的管理生涯岂不显得黯然失色、了无生趣呢？其实管理与娱乐只是一念之差，你可以设法用欢乐的气氛感染每一位同事，让管理成为一门轻松的艺术，甚至是一种至高无上的享受。

·把快乐“传染”到全身

幽默将一种亲切、轻松和平等的感觉传递给别人，它可以使各种忧虑统统在笑声中消失，装腔作势、尖酸刻薄都是幽默的手下败将。为了使生活经常保持着朝气，我们要不断地注入兴奋剂，用幽默来滋润生活。

有这样一则幽默小故事：

爱因斯坦在街上遇到了一个老友，老友看着他身上的衣服，诧异地问道：“爱因斯坦先生，我觉得你应该买一件大衣了，看看你身上的这件衣服，都穿了多久了啊！”

爱因斯坦回答道：“这有什么关系，在纽约的街头上，谁认识我呢？”

多年以后，爱因斯坦成名了，但他依旧穿着那件多年前的旧大衣。有一天，在街头他又遇到了多年前谈论过这件事的老友，那位老友又劝说道：“你现在这么有名，怎么还穿着这件大衣呢！你应该添置一件新的大衣了。”

爱因斯坦回答道：“这又何必呢。现在，无论我穿什么，谁又能不认识我呢！”

无论在成名前还是成名后，爱因斯坦始终过着简朴的生活，对于外在从来都没有什么要求。朋友在他成名前后都建议过他添置新的大衣，而他运用极其巧妙和富有幽默感的方式回答了老友，化解了窘迫尴尬。在生活中，我们都应该学习爱因斯坦，以幽默的情绪来对待人生中不顺心的事，时刻为生活注入兴奋剂。

现实生活中，不仅一些小尴尬可以用幽默来避免，那些沉重的打击也可以通过幽默的眼光去看待。有这样一个故事：

一位摩托车运动爱好者一直希望有一辆属于自己的摩托车，一天他终于攒够钱，买了一辆自认为最棒的摩托车，但不幸的是，他第一次用新车参加摩托车比赛时，就把车子给撞坏了。

事后，他并没有陷入沮丧，而是自我安慰道：“唉，从前我经常说，总有一天我要骑着自己的摩托车参赛。现在，我真的拥有了一辆自己的摩托车，而且还真的仅仅参加了一天的比赛。”说完之后，他自己也忍不住笑了起来。

人们在生活中免不了会被外物困扰，虽然案例中的人撞坏了摩托车，经济方面也遭受了损失，但他借助幽默的力量，减轻了经济问题所带来的心理压力。这个年轻人真的很聪明，知道事情已经发生，埋怨于事无补，所以干脆轻松地对待。

一位体重持续上升的秦先生说：“身体一直在发胖，有什么办法呢！都说节食减肥最有效，但我的体质就算天天只喝白开水，也还是会胖的。”

一位上了年纪的老奶奶说：“我脸上的皱纹并不多，可苍蝇、蚊子常常被皱纹夹住，吱吱地跟我抗议呢！”

看到别人为自己稀少的头发担忧，不到三十的老王说：“秃头还方便戴假发呢！”

年过六旬的张大爷说：“我真担忧年龄长得太快，所以，这几年的生日我都不插蜡烛了。”

其实，幽默本身并没有什么固定的程序，也没有什么公式可以套用。只要你的心中永远充满快乐，能够积极地面对生活，自然而然就会变得幽默起来，你的人生也会更加有趣。

· 用有趣的心态解决不如意

生活中经常会有不顺利的事情发生，当面对这些让人失望的事情时，大多数人或闷闷不乐、或满腹牢骚、或怒发冲冠、或借酒消愁。但假如我们都以这种消极的心态对待世间事，那自己的生活又如何能变得快乐呢？因此，我们要学会以幽默的心态对待这一切的不如意，幽默是烦恼最大的克星，它能改变我们消沉的情绪，帮助我们重获自信、激情和兴致，恢复最初的精神爽朗、心情舒畅。

在美国的大学篮球中，有一位传奇人物，名叫佩迈尔。他曾带领迪鲍尔大学篮球队连续获得三十九次冠军，可在向第四十次冠军冲击时，遇到了空前的惨败。记者们当然不会放过这个绝佳的机会，纷纷采访这位教练此时的感受。

佩迈尔微笑着说：“我现在感觉非常棒。我们再也不用背负‘蝉联’这个包袱，可以轻装上阵，去冲击下一个冠军了。”

比赛失利本应是令人极其沮丧的事情，但在乐观积极的人看来，失败不过是迈向成功的一级台阶。佩迈尔教练的话在幽默中又蕴含着智慧，他说的没错，“蝉联冠军”这个压力让队员们感受不到打球的快乐，而这次的失败却可以让大家放下压力和包袱，轻装上阵，从零开始。他的幽默不仅能够减轻队员的压力，而且有指导实践的意义。

对一时的比赛失利，我们可以豁达地看待，但是，假如要我们面对可能影响自己一生的身体残疾，就需要很大的勇气了。

爱迪生有一次乘坐火车时，被人狠狠地打了一个耳光。就是这一个耳光，让爱迪生逐渐失去了听觉。但他却并不以为意，面对很多人的惋惜，他幽默地说道：“我觉得听不到很好啊。它让我能更专心地工作，而不是把大把时间花在与外界的无聊谈话上。”

伤残疼痛在普通人眼中是那样沉重不堪，可对有志之士来说，生活仍旧值得乐观面对，幽默豁达不仅让他们拥有蔑视苦难的勇气，还让他们具备收获欢乐的能力。

医学研究发现，烦恼对人的危害不可小觑，轻则使人精神不振、情绪不佳、浑身无力，重则使人患各种各样的疾病。因此，只要产生烦恼，就应该想方设法去排除烦恼。在排除烦恼的各类方法中，幽默无疑是最有效也最实用的。

俄国著名作家赫尔岑应邀参加一个晚宴，席间被宴会上轻佻的音乐弄得心生厌烦，但他身为贵宾，如果随意离席不太礼貌。苦恼之余，他干脆用手捂住耳朵。

宴会的主人见此，忙上前解释说：“对不起，你不喜欢他们演奏的流行乐曲吗？”赫尔岑反问道：“流行的乐曲就都是高尚的吗？”

主人听了甚感诧异：“不高尚的东西怎么会流行呢？”赫尔岑笑了：“那么，流行性感冒也应归类为高尚吗？”说罢，他起身离开位子，躲到角落里去了。

虽然对轻浮的音乐不胜其烦，但赫尔岑并没有选择直接抗拒的方式，因为那样不仅显得他没有涵养，而且还会使宴会的主人尴尬。于是，聪明的作家选择了幽默的方式，将轻佻的音乐比作流行性感冒，不仅解决了自己的烦恼，也表达了内心的不快。

生活在人群中，谁也免不了应对复杂的人际关系。时间一久，我们自然会对这种应酬感到厌烦，但却又找不到合适的理由拒绝，所以非常烦恼。

英国诗人罗伯特·勃朗宁有“诗瘾者”之称，只要沉浸到创作中，他就什么都顾不得了，而且从不知疲厌。他这个人有一个特点，就是非常憎恶一切无聊的应酬和闲扯。

一次，他去参加一个聚会，而聚会中有一位先生大概对诗也很有研究，因此向勃朗宁提了很多关于他的作品的意见。勃朗宁觉得这些意见都是无稽之谈，也不知道这位先生什么时候会停止这个话题。他很不耐烦，因此对这位先生说道：“请您原谅，先生。我很抱歉占用了您这么长的时间。”

那位先生先是一愣，但很快明白了勃朗宁的意思，于是笑着向勃朗宁告辞了。

勃朗宁幽默地终止了那位不知趣先生的无聊问题。假如他换用直接拒绝的方式，很可能会引起他人的不满。勃朗宁含蓄中略带幽默的话语不仅成功地杜绝了烦恼，而且使自己全身而退，无法不令人称赞。

平日里，有些人经常会吃人情亏，可为了面子，本着不伤和气的原则，不少人都会选择“哑巴吃黄连”，有苦也不说。在这种时候，要是你能够巧妙地运用幽默的语言，就可以轻而易举地帮自己解决烦恼。

· 生活中的趣味感

男女双方从相识相爱到共同步入婚姻殿堂，从互不相识到结婚生子的这一阶段，通常是两个人一生中最为甜蜜和充满激情的时期。一对恋人步入婚姻之后，由于成长环境和生活背景的差异，锅碗瓢盆、柴米油盐等家庭琐事，很容易导致婚后生活越来越平淡乏味，跟恋爱时的浪漫激情有巨大的反差。

其实，那些不过是表面现象，其内在的根本原因在于夫妻双方的心态都发生了变化，由于彼此之间过于熟悉，使生活失去了新鲜的味道。假如夫妻双方能改变心态，用心观察生活，那么生活中柴米油盐之事皆可成为幽默的素材，给婚姻生活增添数不完的新鲜感。

家庭生活不可能离开厨房，而厨房里的不少事物都可以引发幽默。下面就是跟厨房有关的幽默故事。

丈夫问妻子：“结婚纪念日咱们去哪儿呢？”

妻子回答：“去我没去过的地方怎么样？”

丈夫说：“那就去一次厨房吧。”

家庭生活中，有些不经常发生的特殊事情也能引发幽默。

有一天，妻子指着自己怀孕数月的肚子，问了丈夫一个很难回答的问题：“能不能在宝宝一出生时就看出孩子长大后会成为什么样子？”

丈夫思考了一会儿，答道：“这很简单。假如是个小女孩，长大肯定是个漂亮姑娘；假如是个小男孩，长大就是一个帅哥。”

这里丈夫巧妙地将妻子问的问题转移到男女性别上来，将伤脑筋的问题转化为一个能轻松回答的问题，既回答了妻子的问题，又逗得爱人莞尔一笑。

在日常生活里，男人大多喜欢看体育节目，可女人一般不喜欢看，如何让妻子陪自己看足球呢？下面我们就看看这位先生怎样利用足球来制造幽默的。

有一对年轻的夫妇，丈夫爱看球赛，妻子喜欢电视连续剧，可是家里只有一台电视，所以要达成共识并不容易，多数情况都是丈夫主动做出让步。

不过，这位丈夫还挺机智，一有机会就向妻子宣传体育知识，聊聊球赛趣闻。久而久之，妻子的兴趣也就被他调动了起来，偶尔也跟他一起观看体育比赛。

又到了四年一届的世界杯足球赛，妻子整个人都被精彩的比赛吸引了，这时，丈夫才煞有介事地对妻子说："看你现在的高兴劲儿，我想起了一句老话。"

"什么话？"

"知足常乐！"

"为什么会想起这句话呢？"

"知足常乐嘛，就是知道足球以后，就常常乐了呗！"

丈夫的调侃多么富有情趣啊，这样的生活才称得上琴瑟和谐，这样的相处才是感情永葆新鲜之道。当然，夫妻间的幽默随处可拾，生活中的很多事物都可以为两人增添情致。

总之，千万不要因生活中的琐事而烦恼，也不要抱怨婚姻生活充满了"柴米油盐"之类的事情，并因此而不再浪漫鲜活。生活处处都是幽默，关键是你有一双怎样的眼睛。请运用你的幽默感，充分调动你的创造力和想象力，这样，婚姻生活中的“柴米油盐”才可以成为我们的幽默素材。只要你有意识地去培养和运用幽默，就可以为你的另一半带来更多快乐，为你的家庭生活增添几分新鲜感。

· 用有趣调剂生活

在任何时候，幽默都是一种才华，一种智慧，一种力量，更是烦闷生活的调剂品。对于每一个温馨的家庭来说，也是必不可少的和谐剂，因为它以愉悦的方式表达了真诚大方的爱意，使本来安静的生活充满了激情，使本来平淡的日子焕发出不一样的色彩。老舍先生也忍不住赞赏：“幽默者的心是热的。”在彼此组成的家庭里，有的人发现相爱容易相处难，日常生活中常常因为一点儿小事就批评责备对方。此时，如果能以幽默诙谐的语言来代替责备，不仅可以准确地传达你所想表达的意思，还更容易让对方在愉快中接受你的建议。有人抱怨家里整日战火不断，但究其原因都是一些鸡毛蒜皮的事情，它们就像是导火线，一旦被触发，就会引来一系列冲突和矛盾，也破坏了原本深厚的夫妻感情。

因此，那些富有幽默感的人的家庭就显得格外和睦，幽默在无形中增进了你与家人的关系，增进彼此的信任，最终会支撑、帮助你战胜人生中的种种压力。幽默，让家庭变得更加和谐温馨，在愉悦的家庭氛围中，成员们更容易发现幸福生活的美好，也更容易获得家庭的滋养和助力。因此，在家庭生活中，舍弃那些冷冰冰的笑容、客气的语言，用幽默取而代之，你就会发现幸福是一件多么容易的事情！

莎士比亚说：“幽默和风趣是智慧的闪现。”生活如果离开了幽默，就会少很多的欢乐。在餐桌上，每一道菜肴都需要“调味品”才会显得更加美味，这就如同每一个家庭都需要幽默这样的调节剂才会更加温馨快乐。对于每一对夫妻来说，幽默是一个不可缺少的重要内容。

有一对夫妻，他们喜欢用幽默来代替一切责备或者争吵。刚结婚的时候，两人因为琐事争吵，太太忍不住叫了起来：“我要跟你离婚，离开这里去母亲那里。”“很好，亲爱的，车费在这里。”先生拿来车费。太太接过钱，突然说，“我回来的路费怎么办？”两人“扑哧”一笑，化解了争执。

幽默是家庭生活的和谐剂，它轻松地驱散了天空中的阴霾，给紧张的家庭生活带来和谐温馨。当生活中多了一些幽默感时，我们就会在愉悦的家庭气氛中忘记生活的紧张和压力，忽略之前的种种争执。幽默是人生的润滑剂，两个人在日常生活中若是恰到好处地使用幽默这一法宝，不仅可以活跃家庭气氛，增加生活乐趣，还可以拉近彼此之间的感情距离，更好地相伴一生。所以，舍弃那些直接的批评、冷淡的语言，选择使用幽默的语言，用幽默的力量来驱散烦恼，给家庭带来温馨与幸福。

小儿子凯文问："爸爸，阿尔卑斯山在哪里？"父亲回答道："去问你妈，她把什么东西都藏起来了。"听着这诙谐的对话，你一定可以想象出家里的欢声笑语。如果家庭成员多了几分幽默感，那么无形之中就多了一些快乐，少了一些烦恼；多了一些轻松，少了一些摩擦。那一个个看似无奈的耸肩、滑稽的表情、自嘲的话语、讥讽的变调，都以幽默的形式爆发出巨大的力量。那时候，彼此之间再也感觉不到剑拔弩张，再也没有战火，只有温馨和谐幸福。因为在很多时候，与直接提出意见相比，幽默更具有亲和力，也更容易让人接受。

P A R T
S E V E N

PART 7 有趣比优秀更重要

· 用风趣的语言代替严肃

严肃的语言能让人肃然起敬，但往往会给人呆板的印象。在现实生活中，如果能用幽默的方式来说明事理，不但能令人愉快地接受批评或建议，而且能让人体会到言语的优美和风趣，以至于过耳不忘、印象深刻

老师批评学生是一件严肃的事情，但是容易引起学生的反感，达不到教育的效果。这时老师不妨把严肃的批评气氛变得轻松一些，就会起到完全不一样的效果。

有一位同学在教室里和其他人追逐奔跑、吵吵闹闹，引得其他同学都十分不满。

正巧班主任老师走进来，那位同学见了，急忙三蹦两跳，回到了自己的位置，双手在桌子上撑着，人弹跳起来，脚一跨，坐到了椅子上，动作利索极了。

同学们见老师来了，纷纷告状，希望老师批评一下这名

调皮的学生。老师见到这样的场面，虽然也很生气，却没有批评这位调皮的同学，笑着说："同学们，刘翔是2004年奥运会跨栏冠军，今年刘氏家族又将出现一个跨栏冠军，那就是咱们班的刘杰同学。"

老师的一番话说得同学们都笑了，刘杰同学羞红了脸，低着头。从那以后，他再也不在教室里乱跑乱跳了。

法国演讲家雷曼麦说："用风趣的方式处理严肃的问题，比直截了当地处理更易让人接受。"

就像上述例子中的老师，对违反班级纪律的学生，不是板起面孔批评他一顿，而是把严肃的话风趣地说出来。这一方面表现了老师善解人意、宽以待人的品格；另一方面，老师用风趣的语言缩短了师生间的心理距离，让学生认识到：其实老师也有风趣幽默的一面，并不是只会批评学生。这一做法，能够减轻被批评学生的心理压力，让学生在笑声中感受和理解老师的用意。

有些时候，把人的名字弄错是一件很尴尬的事情，如果这时开上一个玩笑，就能化解尴尬。

一位姓陈的先生拿着自己的名帖去拜访一位姓周的先生。

周先生经常念别字，竟将“陈”字误读作“东”字，迎客时连连说：“东先生请坐！东先生请坐！”

陈先生不动声色，答道：“吉先生不必客气，吉先生不必客气……”

周先生这下不太高兴了，问道：“我本姓周，为何称我为‘吉’先生？”

陈先生从容地回答：“我本姓陈，您为何称我‘东’先生？你割了我的耳朵，我就要剥你的皮呀……”

周先生意识到自己读错了对方的姓氏，连连道歉。

与人交谈的过程中，我们可能会遇到一些严肃的话题。这个时候如果我们的语气和表情与话题一样严肃的话，难免给对方造成很大的心理压力，使谈话的气氛陷入压抑的状态。如果改变口吻，将严肃的话题轻松说出来，有利于交谈的效果。

有个人去小酒馆喝酒，喝了一口就吐了。他一拍桌子，破口大骂：“酸死了，这是什么酒，你们这里简直就是黑店！”

老板也不是省油的灯，哪里受得了这份气，立刻找来伙计，把这位客人打了一顿。

客人躺在地上哇哇乱叫。这时，店里又来了一位年轻小伙子，他问："这是怎么回事啊？你们在表演格斗吗？"

老板一听，怒气消了一些。

小伙子了解情况后，自己也尝了一口酒，没承想，他也皱着眉头说："哎呀，老板，你把我也打一顿吧。"

老板愣了一下，继而明白了小伙子的意思，不好意思地笑了笑。最后，老板立刻让人换了新酒。

两位客人都在说酒难喝，一位因为不会说话挨了打，另一位则幽默地点醒了老板。可见，幽默是进行温和交谈的法宝。

与人说话时，如果遇到不好说的话题，可以幽默地表达自己的意思。因为，有些话如果我们说得很严肃，别人心里难免会不悦，如果此时幽默一下，可以缓和气氛，还可以让你的表达更深入人心。

· 把建议有趣化

不管是在办公室，还是在日常生活中，总是有需要你向他人提出一些意见或者建议的情况。

比如，一个跟你一起工作的同事总是喜欢大声说话，搞得你没办法静下心来工作；比如一起生活的亲人总是把家里搞得乱七八糟，从不收拾；再如，上司制订了一个销售计划，但是你有不同的意见，并且确信效果会更好……

当你面对这些问题时，直接提出自己的意见或者建议就会让大家都比较尴尬，给别人留下“不通情理”的坏印象，影响你的好人缘。再者，直接向你的上司提出自己的好意见可能会让他产生一些逆反情绪，如“就你聪明”“就你爱出风头”，影响你的日常工作和升职。

所以，即使你对公司的待遇或者某些人的行为有一些不同的建议，也要讲究方式方法。

人类总有一些独特的社交本领，千百年来在与人交往中被广泛运用，“开玩笑”就是其中的一种。

张磊是一个公司的小职员，每到吃饭时间就是他最痛苦的时候。因为公司的伙食实在是太差了，不夸张地说简直就是“三月不知肉味”。

但负责大家伙食的厨师长是张磊他们老板的一个远房亲戚，大家都不敢惹，也不敢提意见，只能忍着。有的同事实在忍不了就去外面叫外卖，不过长期下去也不是办法，因此大家都想找个机会跟公司老板提提建议。

一次，老板接了一个大订单，心情高兴，就慢悠悠地在厂里巡查。走到餐厅的时候，正好碰到大家在吃中午饭。

“天哪，我这排骨汤里竟然有排骨，真是千年一见啊！吃了这碗汤，我这是不是要考虑减肥了呀！”张磊见老板刚好走到自己身边就故意大声地说道。

“嗯，咱们公司的伙食一般般，但这样才能培养大家艰苦奋斗的精神啊！你说是不是呢？”因为心情好，老板听完张磊的牢骚不怒反笑地说道。

见老板的心情大好，张磊胆子也大了起来，就开玩笑地说：“是啊，我这一个月从八十公斤瘦到了七十公斤，艰苦程度和奋斗精神让我对自己‘刮目相看’！”

听完张磊的话，老板哈哈大笑起来，边笑还边说："我马上给咱们职工改善伙食，一定做到每顿都有肉吃。"

张磊正是用"让我对自己'刮目相看'"这种既幽默又夸张的语言，提出了自己想要改善伙食的建议，而且又没有惹老板不高兴。

王老师是一位有着深厚教育资历的高中数学教师，他的班里有一个聪明但不爱学习的捣蛋鬼刘洋。

一天，在数学晚自习上，大家都在埋头苦思，安静地做着各种数学题，以迎接两个月以后的高二期末考试。

刘洋突然站起来问道："老师，我听说鱼肉里面有大量磷和蛋白质，对大脑帮助非常大。您说，如果我现在就开始吃鱼的话，两个月后期末考试是不是就能过关？听说您以前也爱吃鱼，那我应该吃哪种鱼，又该吃多少呢？"

王老师听了刘洋的话，回答道："如果照你现在的这种学习态度的话，你期末考试之前得吃掉一条鲸鱼才行！"

听了王老师的话，全班同学哄堂大笑，刘洋也跟着大家乐开了花。

但自此之后，刘洋一改往常的学习态度，果然在期末考试中取得了优异的成绩。

王老师正是用“吃掉一条鲸鱼”跟刘洋开了个玩笑，用吃鲸鱼这一假设，推翻了他想要“靠吃鱼来补脑”从而通过期末考试的想法，暗寓只有勤奋学习才能取得好成绩。当然，这个回复轻松诙谐，刘洋能轻易地理解老师的建议并且记忆深刻，也促使他之后积极改正了自己的学习态度，从而取得好成绩。

因此，当你想对周围的亲朋好友、同事爱人、父母孩子，提出一些好的建议，或者你感觉自己“怀才不遇”“英雄无用武之地”的时候，不妨试着在跟他人开玩笑时，借机向对方阐述自己的建议。给他人一句幽默，也给自己一个机会。

· 勿把缺点当有趣

当你把别人的不足视为幽默时，那幽默便从珠宝变为粪土，从鲜花变为垃圾，从优美的旋律变为嘈杂的噪声，而你也将会从他的朋友变为他的敌人。

正所谓“金无足赤，人无完人”。每个人都有缺点和不足。但任何人都不应拿别人的缺点、不足开玩笑，或是以伤害别人为乐趣。

有句话说：“当你用微笑面对世界时，那世界也必定会对你微笑。”因此，当你以伤害别人为乐时，那别人也必定不会以宽容来对待你。

小林天生有口吃。有一次，一位朋友想拿他开玩笑，对他说道：“我能叫你学鸡叫，只要我问你什么，你就答什么。”旁人问：“那如果小林不肯学鸡叫呢？”朋友又说，“一定能！”随后他抓起一把稻谷问小林，“这是什么呀？”小林结巴着说："谷，谷。"他笑着说，"你看，这不是学鸡叫了吗？"旁人哈哈大笑，而小林却被羞得无地自容。

这位朋友故意利用别人口吃来开玩笑，使其受到众人的嘲笑，事后，小林肯定不会再和这种人做朋友了。不论你是有心还是无意，将这样的幽默运用到朋友身上，都会使你失去友情，最终成为一个没人理会的人。

有一次，小李碰到了自己的一个女性朋友。他盯着人家看了半天，女方不好意思地问他在看什么。他故作恍然大悟地回答："通过仔细观察你的脸，我现在终于知道月球表面是什么样了！的确是坑洼啊！"听完此话，女方气得转身就走了。

小李这个幽默，把朋友的脸比作坑坑洼洼的月球表面，明显是在打击这位朋友，也难怪她会气得转身就走。而小李若想将这段友谊补救回来，恐怕就不是一句道歉那么简单了。

在我们周围，或许经常能看到一些残疾人，假如我们能像对待正常人一样对待他们，他们也就不会因自身的缺陷而感到自卑和痛苦。但偏偏有些自恃是正常人，抓住别人的缺陷不放，甚至以此来开玩笑。这种行为非但不显有趣，反而是恶劣愚蠢的。

一个人小时候生了一场大病，之后便双耳失聪，成了聋人。一天，办公室同事故意拿他的耳聋开玩笑。这位同事和其他同事说道：“在当今这个嘈杂的世界里，他是那个最能清静下来的人，从这方面来看，他是幸运的。”

这位同事把别人的残疾看成是一种笑话，这不仅体现了自己内心的冷漠，更使得周围的人对他产生鄙夷。

幽默的魅力，就好像一股淡然的芳香，虽然看不到它，但味道却使人心醉。倘若是伤人的“幽默”，那就如一堆腐烂的垃圾，即便没有挨着别人，但其腐烂酸馊的气味也会让人躲闪不及。

· 用有趣来解围

林语堂先生说："幽默是一种人生态度。"其实，幽默本身就具有一种特性，一种令人愉悦的特性；幽默感更是一种能力，它能有效地影响他人心理，增进人与人之间的关系。当面对一些充满恶意的语言或尴尬的场面时，我们不需要硬对硬，而是需要换个角度看问题，用幽默的语言来应对，这样不但能帮助他人摆脱尴尬处境，而且会使整个气氛变得轻松愉快。

在日常生活中，幽默是化解尴尬的良方，幽默的语言往往能够令人化怨为喜，开怀大笑，从而达到为他人解围的目的。当然，幽默的语言并不是油滑、浅薄的耍嘴皮子，而是一种智慧，它在传达信息的同时，还可以随机应变，往往能够帮助他人在瞬息之间摆脱窘境。或许，我们身边的人不善于言辞，常常令自己陷入难堪的境地，这时，身为朋友的你就要发挥幽默了，说上几句妙语，就能够令难堪的人缓过神来，摆脱尴尬的境地，所谓“帮人即是帮己”，你若是仗义帮他人解围，定能够赢得他人更多的信任。

有一位老师到某大学中文系举办讲座。当他站到讲台上时，发现自己的演讲稿落在了一个学生的座位上。于是，这位老师走下讲台，准备去拿演讲稿。刚下台阶，他不小心踩空了，一下栽倒在地。学生们看到后，都偷偷捂着嘴笑了起来。那位老师一瞬间脸变得通红，这时，与老师一同前来的同事接过了话筒，指着台阶说：“你们看，上一个台阶多么不容易啊，老师想告诉我们这样一个道理——生活不容易，作诗也不容易。”那位同事的话语顿时赢得了台下学生的掌声。

同事接着说：“一次不成功不要紧，再努力！”在他说话的同时，那位老师已经恢复了平静，微笑着走上了讲台，继续开始自己的讲座。

案例中的同事通过此时此景，巧言化解了老师的尴尬，当然，在这个过程中，相信那位幽默的同事也给在座的学生留下了深刻的印象。幽默是一种说话的艺术，需要我们注意在特定的场合中察言观色，这样就能有效地帮助他人摆脱尴尬和窘迫了。事实上，生活中的任何事情都包含着两面性，其中的对与错、利与弊都是相对的。因此，在帮助他人解围的时候，我们需要辩证地看待问题，扬长避短，这才是幽默打圆场的技巧。

理发店新来了一个学徒，在学习了三个月后，这位学徒正式开始给顾客理发。

学徒给第一位顾客理完发后，顾客看了看镜子中的自己，说道："我觉得这头发还是理得太长了。应该再短点。感觉没怎么理啊！"学徒听到后，不知道该说什么，低着头一言不发。站在旁边给另外的客人理发的师傅立刻笑着说道："现在都流行这个发型，这才显得您紧跟潮流，很时尚。"顾客听了，顿时觉得自己有一种时尚感，很高兴地走了。

学徒又给第二个顾客理发，他记得第一位顾客嫌头发长，因此给这位顾客的头发理得很短。当理完后，顾客对着镜子看了看，说道："头发怎么理这么短，都快成光头了。"学徒听了立刻又吓得低下了头。旁边的师傅立刻又笑着说道："头发短一些人才显得精神。您看您现在，精神焕发。"顾客听完后，挺了挺胸，觉得自己很精神、很有气质，满意地走了。

学徒又开始给第三位顾客理发，这次他不知道是理的长些还是短些，因此小心翼翼，理一点，就观察观察，结果这个花了很长时间。结束的时候，顾客也抱怨道：“理个头都花这么久。”旁边的师傅赶快又解释道：“头发是什么，那是‘首脑’啊，这可是咱的门面。为了让门面好看，咱必须重视啊！”顾客听了，大笑而去。

学徒给第四位顾客理发，他又怕顾客觉得时间长，十几分钟就理完了。理完后顾客说道：“这理得太快了啊。是不是糊弄我呢！”旁边的师傅赶快又解释道：“现如今，国家不都讲究提速么。咱也紧跟时代，尤其是这‘顶上功夫’，更得速战速决，不能耽误您的时间啊。”顾客听了，欢笑告辞。

在这个故事中，旁边的师傅真是能说会道，机智灵活，每次都能用幽默的语言为身边的徒弟解围，巧妙地打圆场。而且，每次幽默的解释都使那位学徒摆脱尴尬，同时，也让顾客转怨为喜，高兴离去。我们需要从善意的角度出发，以幽默的话语缓和紧张气氛、调节彼此之间的人际关系。这对于我们增进与他人之间的关系大有裨益。

· 有趣，让人更具亲和力

智慧领导最佳的口才表现是：幽默中散发着亲和力。一方面可以在无形中拉近与他人之间的距离，另一方面还能激起对方与你沟通的欲望。在实际工作中，许多领导总是与下属保持一定的距离，平时紧绷着面孔，不愿意轻易相信下属，不轻易接近下属，在他们看来，和下属开玩笑、打成一片是有损领导威信的事情。有时候，明明几句简单的交谈就能了解的问题，领导却总是安排下属到自己办公室做汇报，时不时语气严肃地提一些问题，以显示自己的气度与水平。如此待人方式，根本没有半点儿亲和力，时间长了，下属也开始躲避这样的领导。许多领导误认为自己比下属高明得多，开玩笑或风趣地说话，有损自己的威信。其实，恰恰相反，虽然领导之所以为领导，确实在某些方面比别人高明得多，但是，却并不意味着他处处高人一等。

美国有一位新任总统为了庆祝就职，决定迎接世界各地的一百多个小朋友参观白宫。在小朋友和总统的见面会谈中，其中一位小朋友问道："总统先生，你小时候有没有哪一门功课很糟糕，总是被老师批评呢？"总统回答道："我的品德课很糟糕，因为我总是爱讲话，常常因此干扰到别的小朋友。老师当时常常因为这个批评我。"他幽默的回答，使现场气氛非常活跃。

另外一位来自芝加哥贫民窟的小朋友对总统说道："总统先生，我每天上学时都很害怕，因为不知道在去上学的路上，会不会遇到坏人。"总统听到这里，收起了笑容，严肃地说道："我知道我们现在还有很多方面做得不好，尤其是在毒品、绑架等问题上。我希望你能好好学习，将来参与到这样的事情中，使世界的每一处都和平、安定。"

总统在说话时，极具亲和力并富于幽默感，也难怪小孩子都喜欢与他交谈。这些幽默和亲切的语言，不仅博得了小朋友们的好感与信任，也让其他的观者被吸引，并对总统产生敬意。

我们的生活中有很多事情都是可供幽默的素材。做个有心人，随时随地发现这些素材，并加以运用，那就能成为一个幽默的人。

恩格斯曾经说："幽默是表明工人对自己事业具有信心并且表明自己占有优势的标志。"当然，幽默的语言风格是建立在较高的思想境界和较高的涵养上的，一个心胸狭窄、思想颓废的人，是不会产生幽默的。幽默永远属于那些拥有热情，属于生活的强者。

要善于捕捉生活中的喜剧元素，平时注重积累素材，等到讲话时便会让大放异彩。适当的时候，就近选取一些生活中的事例，这会让人倍感亲切。

幽默的语言能使紧张的气氛顿时显得轻松活泼。散发着亲和力的幽默，能让对方感到善意，这样表达出的观点更容易被对方接受。在日常工作中，幽默而带亲和力的语言风格无处不在，它成了人际交往的调节剂。每年的春晚中，相声小品之所以备受观众们喜爱，就在于它的表现形式离不开幽默，那独具幽默而不缺乏亲和力的语言风格，强烈地感染着观众的心。

· 具备有趣的技能

古德曼博士说过："工作中最重要的前提是绝不呆板、无聊。若不好玩，你就是在浪费生命。"领导者应以身作则，认真对待工作，轻松对待自己，努力营造出诙谐幽默的气氛，领导大家快乐工作。

现在，很多高层负责人常常用幽默来改变自己的形象，改善大家对整个公司的看法。每一阶层的领导人或经理人在人事的甄选与训练上，也都开始向幽默求助。

有一次，美国三百多家大公司的行政主管参加一项幽默意见调查，这项调查由一家业务咨询公司的总裁霍奇先生主持。结果发现，97% 的主管人员相信，幽默在商界具有相当大的价值；60% 的人相信，幽默感能决定一个人事业成功的程度。

事实证明，现在的许多领导人，都希望自己在同事和下级眼中的形象更人性化一些。

一家公司的企划部主管回到办公室，发现员工歪七扭八地坐在靠椅上，哼唱着，谈笑着，完全没有上班时的做派。

但当他的身影出现在门口时，员工们立刻摆正了身体，各司其职，埋头苦干，仿佛刚才的一切都没发生过。主管自然知道，这不是他们第一次这么做。主管没有生气，只是扫视了一眼，笑着说："虽然你们现在工作状态很好，但前一秒发生的一切还是被我发现了。"

大家不约而同地抬起头，看着主管，眼神中透出一丝惭愧。

面对员工偷懒这种小把戏，主管没有直接训斥和指责，而是用了几句幽默语言来点拨。这样一来，员工不仅能意识到自己的错误，而且也会对上司的宽厚和风趣赞赏有加，极大地提升了团队的向心力和凝聚力。

试想，如果这位主管直接对员工大加指责，势必会引发大家的抵抗情绪，最后激化矛盾。作为领导，当运用幽默力量去管理下属时，就会发现幽默不仅更容易将任务托付给人，而且能激发员工自由发挥、创意进取的精神。幽默能改善你的将来——因为你的下属或同事会认同你，感谢你坦诚相待的品格，从而会更加配合你的工作。

如果我们尖刻地批评一位工作处理不好的同事，那位同事将会很有可能失去自信心，而我们也会失去他对我们的信任。其实，只要“以对方为中心”去了解他人，就能打开沟通的大门。

美国前总统柯立芝有一位漂亮的女秘书，人虽然很漂亮，但这位秘书在工作中总是粗心大意。一天，柯立芝来到秘书的办公室，对秘书说道：“你今天的衣服真漂亮，和你的气质相当符合。”

听到总统的称赞，秘书当然很开心的事情，她站起来原地转了一圈，想听到总统更多的称赞。但柯立芝接着说的话却是：“你有这么好的气质和样貌，我相信你的办公能力也一定不输于你的样貌。”果然，从那天以后，这位秘书在公文上的出错率大大减少了。

后来，一位朋友很佩服柯立芝这个办法，问道：“你是如何想出这么巧妙的方法的？”柯立芝得意扬扬地说：“这很简单，你看见过理发师给人刮胡子吗？他们都要先给你涂上一层肥皂沫，为什么呀，就是为了刮起来使人不痛。”

面对秘书的工作失误，总统没有选择劈头盖脸地斥责，反而称赞这位秘书一定会有出色的工作，这种正面暗示的方法让秘书受到鼓舞，也让她潜意识里形成了自己可以把工作做好的认知。秘书有了反思的空间，总统也表现出了自己的宽容和幽默，可谓一举两得。

领导者要明确自己的职责和使命——管理的目的不是让员工恐惧，而是引导所有人勤奋工作，为公司创造效益。身为领导者，能借用幽默手段“哄”着下属快乐工作，何乐而不为呢？

当然，幽默式管理固然很好，但也不能随意乱用，要注意以下技巧：首先，不要随意表达幽默，要注意场合；其次，幽默不可低俗，失了领导的威信；最后，幽默要顺其自然，不能生拉硬拽，以免让众人陷入笑也不是、不笑也不是的两难境地。

· 让摩擦消失的趣味法则

俗话说得好：“相爱容易相处难。”恋爱如同共舞一支双人舞，再高超的舞者也免不了有踩脚的时候。犯错误是恋爱中很难避免的事情。那么，当恋人间的一方做错了事或有过失的时候，难免要给一个解释，这种时候，简短的幽默可省去一大段解释，也能避免对方没完没了的埋怨。

李小曼没有时间观念，跟男朋友约会常常迟到。

第一回，她进行了自我责备：“我迟到，我有罪，我罪该万死！”

第二回，她转守为攻地说：“我看是你的表拨快了半个小时吧！”

第三回，她还是有理由：“我的表是按北京金秋时间，比夏令时慢半小时呀！”

每次她都有办法为自己狡辩，逗得男朋友对她又爱又恨。

再一想，恋人之间需要包容，哪能为了些许小事不欢而散呢？于是，男朋友也就一笑了之。

李小曼靠着幽默解释了自己的过失，也得到了男友的原谅。但是，迟到终究是不妥的，恋人能够容忍，是因为有爱情的力量，所以大家还是应该尊重对方的意见，如果不能积极改正自身的毛病，即使把话说得再圆融动听，都免不了小分歧对感情的日销月铄。

一个派对上，大家玩得非常尽兴，小王对小孙说：“听说你女友是个‘河东狮’？”

小孙为了面子只得跟朋友吹嘘：“哪里，她见了我像见了老虎一样！”

谁知这话被女友听到了，大骂道：“你说谁是老虎？”

他只好讨好地说：“我是老虎，你是武松呀！”

女友被逗笑了，气也消了。

上面的小孙就是巧妙地运用了“武松打虎”的典故，安抚了盛怒中的女友。在明确自己做错了的情况下，你不妨以幽默的方式跟你的恋人一起笑，笑你犯下的错误。当然，生活中的某些小错误是无法依靠一个简单的自嘲来弥补的。假如你惹得恋人生气了，又拉不下脸来道歉，应该怎么办呢？

一对恋人吵架了，女友气得转身就要走。小伙子一把抓住女友的手，把她拉到附近的餐厅里，温柔地说：“亲爱的，要走，先把饭吃了，你才有力气走；要吵，也得先吃饭，你才有精力跟我吵架啊。”

见男友这样来逗自己，女友也忍不住笑了。

小伙子的话不仅用幽默逗笑了女友，还传达出了深深的关爱之意。这样的幽默就像及时雨，使双方的矛盾隔阂很快消除。假如双方因为一时的矛盾已经僵了好几天了，又该如何破冰呢？下面这位小伙儿的做法倒有几分创意：

一个小伙子犯错惹怒了女友，女友连续好几天都不理他。小伙子只好将一袋女友爱吃的苹果和一罐红豆放到女友家门口，并附上一张字条，上面写道：

红豆生南国，春来发几枝。

愿君多采撷，此物最相思。

送你一苹果，愿解心头锁。

唯有一事求，请你原谅我。

红豆寄相思，苹果表歉意。看到小伙子那么有才情的诗句，女友定然忘却心里的不快，转而莞尔一笑吧。

有一对情侣约会，小伙子迟到了，姑娘噘着嘴不高兴。小伙子见此情景微微一笑，然后不慌不忙地走到姑娘身旁，对她说：“我今天有一个重大发现。”女人不说话，用疑惑的眼神看了男友一眼。

小伙子赶忙上前一步，附在女友耳旁小声说：“我告诉你一件事，请你保守秘密。我今天才知道——你是如此爱我。”

一句悄悄话，姑娘脸上立刻“多云转晴”，洋溢着幸福的微笑。

爱情是那样的甜美，爱情之花需要用甜甜蜜蜜的话语来滋养。但甜言蜜语不能有虚夸成分，而应该是发自内心的爱慕、赞美和尊重对方的言谈。要想使甜甜的话语听上去婉转动听，可以需要借助幽默的力量。

有一个姑娘问男朋友：“你为什么一直送人造花给我？我

更喜欢鲜花啊。”男朋友从容答道：“亲爱的，这是因为鲜花很容易枯萎，它们总是在我等你的时候就枯萎了。”

“真的吗？你真的特别爱我吗？”姑娘不放心地追问。

“特别爱你。”

“那你愿意为我献出生命吗？”

男朋友捧住姑娘的脸，看着她的眼睛认真地说：“亲爱的，我想这可不行。因为假如我死了，就没有人能像我这样来爱你了。”

姑娘一边高兴地抿嘴笑，一边佯装嗔怒地捶打男朋友的胳膊。

跟心仪的对象交往，一定要善于使用幽默的谈吐，做到诚恳对人、热情大方、自尊自重，全方位展示自身良好的修养和人品，用心赢得异性的尊重和爱。就算遇上磕磕绊绊的事情，也能够用幽默来化干戈为玉帛。

有一个姑娘跟男朋友约会，迟到了半小时。当姑娘赶到时，小伙子正焦急地东张西望。姑娘不好意思地招了一下手，然后走过去解释：“对不起，我又来晚了。不过，这次是有原因的，我的手表没电了。”

小伙子笑笑说："看来你应该换一块手表了，不然的话，下次约会我就可能换人了。"

假如两人的关系已经敲定，到了无话不谈的地步，这样幽默一下可能有不错的效果。但是，要是双方还比较生疏，那最好不要这么说话，否则，姑娘不仅不会考虑"换手表"，反而会直接换一个男友。

总而言之，幽默谈吐是一种很好的爱意表达方式，运用好它，可以化解爱情中的小摩擦，在欢笑中传递浓浓的爱意。

最后，送给大家一句话，这是一位恋爱专家说的："只要怀着一颗热爱生活的心，有着一双善于观察生活的眼睛，珍惜几世修来的相知缘分，爱之幽默便会像喷泉一样不断地涌出。"

· 有趣是化解醋意最好的方式

在恋爱中，有些恋人是经常吃醋的。比如有这样一个关于“吃醋”的典故。唐太宗李世民执政时，有一次要赐一位美妾给宰相房玄龄，而房玄龄的妻子说什么也不同意。太宗得知此事大怒，并赐她毒酒一杯，让她选择：是同意房玄龄纳妾，还是喝毒酒而死。于是房玄龄的妻子毫不犹豫地接过毒酒一饮而尽，却没有一点中毒的迹象。最后才得知，太宗赐的只是一壶老陈醋而已。这个故事，也是“吃醋”含义的由来。

由此可见，“吃醋”本是对自己所爱的人，或是对其他异性交往的一种嫉妒所产生的不满。不妨看看下面的这个幽默故事，或许可以帮你理解上面所说的交往的范围界定。

一对恋人去参加聚会，随后女孩发现男友正在不停地偷看身旁坐着的艳丽女郎，于是女孩便悄悄对他说：“你还是去和她说句话吧，要不别人会以为你是她未婚夫呢！”

在这个故事中，女孩运用的是一种钝化攻击，一下就将男友的失态点破，更加温和、恬淡而富有情趣。

其实，对吃醋的一方，完全可以借用幽默避其锋芒，转弯抹角地将对方的醋意弹压一下，这样既不会刺伤对方，同时也能消解对方的妒意，以维护双方的爱情。要知道，一方打翻醋坛子，无非是想表明自己的妒忌，却也能给爱情生活增添不少光彩。

有一对恋人一起去参观美术展览，当他们走到一幅只有几片树叶遮掩着私处的裸女像前时，男友停在那里不想离开。

女友实在忍无可忍，便狠狠地揪住男友喊道：“喂！你是想站到秋天吗？”

这位将醋吃到画上裸女的女友，幽默神经可是够发达的。其实，在我们周围随时都能看到一些聪明的恋人如何用幽默的方式来维持爱情。

有一天，一个女孩去男友家里玩，不料竟在男友抽屉里翻出了一大沓美女照片，为此女孩很是吃醋。

而男友则是丢之不忍，留之不行，于是灵机一动，在每张照片背后写了一句：“再美也美不过我的女友。”

女孩看后方才眉开眼笑。

其实，醋意谁都会有，无论是男人还是女人，都是一样的。若没有了醋意，那也就很可能失去了爱情，但倘若醋意大到敏感、猜疑、神经质，甚至影响到恋人间情感的程度，就不好了。所以说，醋吃得适量能开胃，吃多了则伤身。这一点需要男女双方好好把握。

PART
EIGHT

PART 8 请相信，你可以成为一个有趣的人

· 用自嘲化解尴尬

对于自己的缺陷，人们大多都会很敏感，甚至会去极力掩饰。其实，世界上根本就找不出十全十美的人，缺陷并不可怕，可怕的是自己不能正确地看待它，在心理上不能真正地接受这一事实。

因此，对于一个管理者而言，重要的是勇敢地承认自身的某些不足，并将别人的目光转移到自己优秀的地方，从而提高他们对你的整体评价。如果你试图掩饰自己的缺陷，可能会越来越糟糕。

曾是德国总理的科尔体态臃肿。一次，在欧洲各国首脑会议上，正当大家聚精会神地开会时，突然传来“咔嚓”一声，随后又是“扑通”一声。大家循声望去，只见科尔坐在地上。原来他所坐的椅子因不堪重负，轰然垮塌。科尔幽默地说：“我的屁股和椅子情趣不合，关系破裂了。”

面对如此难堪的情形，科尔并没有认为自己臃肿的体态是一大缺陷，反是坦然接受了这一切，仍旧自信地到处讲演，并幽默地开自己的玩笑，最后连任了好几届的德国总理。可见，一个能正视自身弱点的人，往往会因此更加努力，从而博得众人对他的尊重。正如总理科尔，他从不会认为身体肥胖会影响自己在公众面前的形象。

对于大多数人来说，一下子改掉长时间形成的一些小毛病、小缺点、小嗜好可能很有难度。对于这些缺陷，要能自我接受，充满自信，但也并不等于不加注意，放任自流。有些时候，我们可以想出一些聪明的办法来规避这些缺陷，使其不至于给他人造成坏的影响。下面这个故事中睿智的女劳模就值得我们学习。

有一位女劳模的事迹被报纸报道后，很多电视台都要采访她。受邀后，她到全国知名的电视台做全国直播的演讲。这位女劳模天生嗓子沙哑，声音很难听。但她却没有因此退却，而是在演讲开始的时候，就自嘲地说道："大家听我的声音，可能觉得很沙哑，不好听。但各位不知道，这其实是一种时尚，现在的摇滚歌手，不都对这样哑嗓的声音梦寐以求吗？"

一席话，让台下的听众哄然大笑，女劳模不仅为自己打破了尴尬的局面，而且还为自己赢得了长时间的掌声。最终，她的先进事迹报告会取得了圆满成功。

因此，对于一些管理者而言，针对自己的缺陷，要勇于自嘲，这样容易打破僵局，融洽气氛，避免不必要的尴尬。在与人交往时，他人可能会有意无意地触碰到我们的缺陷，这时就需要运用幽默为自己解围，这更能表现出我们宽宏大量的胸怀，并增强个人的威信。

柏林的空军俱乐部正在举行一场欢迎著名将领乌代尔将军的晚宴。宴会上，一位士兵看到乌代尔将军后非常激动，在和乌代尔将军说话时，这位士兵突然手一抖，杯中的酒正好洒在乌代尔将军的光头上。士兵顿时吓得呆在了当场。宴会上的其他人这时也都紧张得连大气都不敢喘一下。

但出乎所有人的意料，乌代尔将军并没有生气，而是笑着对这位士兵说道："老弟，你以为这种方法能治好我的谢顶吗？我早就试过了，没有用。"

大家听到乌代尔将军幽默的自嘲后，都哈哈大笑起来。这位士兵也松了一口气，慌忙向乌代尔将军道歉。而宴会的气氛，也因为乌代尔将军的幽默变得更加火热。

谢顶是乌代尔将军的缺陷，士兵把酒洒在了他的秃顶上，使得众人目光都集中在他的缺陷之处，将军却巧妙地以自嘲的方式破解了尴尬的局面。乌代尔将军的胸襟让人佩服。

· 为恋爱增加趣味性

在恋爱的过程中，男女双方可以运用“返还幽默”的技巧。返还幽默就是把对方的话返还回去，这种技巧的运用常常与恋人的好奇心、自尊心、好强心等因素有关。

返还幽默不仅能给恋爱生活增添很多情趣，同时还能给恋人之间带来更加亲密的联系。它永远是一种迷人的诱惑，让人无法抵挡。恋爱中，如果你懂得运用返还幽默，那你的爱情生活就会变得有滋有味。

通常来说，很多女孩在面对男人的甜言蜜语、虚情假意时，都会束手无策或疲于应付，但若会使用幽默这种武器，便可以在爱情的交锋中占据优势。这样一来，既可以让对方的不实之词败露，又可以使对方感到你很可爱、机智、风趣。不妨看看下面这个运用返还幽默的故事。

男说：“我真的真的很爱你，请你相信我吧！”

女说：“你要我怎么相信你？”

男说：“哦，我纯洁的爱情只献给了你一个人啊！”

女说：“那你想把那些不纯洁的给谁啊？”

恋爱中，返还幽默有时是在无意识中被运用的，而这种返还幽默常常是灵感突现的神来之笔。比如在上面这个故事中的女方，就是根据男方话语中的漏洞突然产生了幽默灵感。

但在大多情况下，人们总是有意识地合理利用返还幽默，通过日常幽默素材的积累，让其在某个特殊时刻爆发，给恋爱生活带来无可比拟的欢乐与情趣。

通常而言，恋人之间一方回击另一方的嘲笑调侃时，应用的返还幽默最多。

一对恋人躺在海滩上，女孩看见一个穿最新款比基尼的女郎站在滩头。

女孩向男友叫道：“喂，你快看，她和你崇拜的 XX 一模一样。”

男孩却不理会，仍闭着眼睛躺在那儿。

女孩十分诧异地问：“不会吧？难道你真的不感兴趣？”

男孩回答：“当然，她要是真的和 XX 一样，你是绝对不会叫我看的。”

男孩面对女友的嘲讽，十分冷静，且用带有幽默感的攻击回敬了她，这样既批评了女友的小气心理，又表达了他知道女友很爱自己。

人们都知道，爱情是很美好的，同时也是自私的，一旦处理不好就会使恋人关系破裂。因此，当你吃恋人的醋时，不妨用幽默的表达让对方知道。来看下面这则故事。

男：“你就是我的太阳……哦，不！应该说你是我的手电筒！”

女：“为什么？不是太阳吗？”

男：“不行，因为太阳普照的是所有男人，但我只希望你照着我一个人。”

通过上述这么多案例，可以看出返还幽默在恋爱中能够为恋人之间增加多么大的情趣，而且还让爱情升温、让彼此更加情深意浓。

· 把握有趣的分寸，爱情会更加甜蜜

那些足够幽默、风趣的人，总是能够让自己的恋人陶醉在爱河中。但对初相识的人，一定要慎用幽默，因为，女性最迫切需要的是男性的“力感”，所以，初交女友时，一定把握好幽默的分寸，只有将力感发挥到一定程度，且双方关系足够亲密后，才可适当地使用幽默来增强美感，这样才能取得更好的效果。

一对恋人相爱很久，感情非常深。一次，他们一起看话剧，可第二幕还没有开始，男孩就一本正经地对女友说道：“还是别看了，咱们哪有那么多时间等啊！”女孩十分疑惑地说：“精彩还在后面呢，咱们又没有急事啊！”男孩指着字幕说，“你看看，那不是说第二幕在一年后才演吗？”女孩笑着轻轻捶打男孩。

假如男女相识不久，第一次约会看话剧，也来这么个幽默，对方一定会觉得那个男孩很不正常，或是认为他太幼稚做作了。

有一对恋人到商场买兔皮大衣，女友非常喜欢那件黑色的兔皮大衣，但又担心它不能适应雨雪，便问男友：“它会不会怕雨雪啊？”男友十分幽默地说：“当然不会怕，你看过哪只兔子下雨打伞啊？”这句话一说出，便把女友和服务员都逗笑了。服务员还一直夸女孩的男友聪明风趣，这让女孩感觉脸上很有面子，并由此加深了对男孩的感情。反之，若是刚认识女孩，这样说就有可能让女孩误认为男孩不够稳重、成熟，即便是服务员一直夸奖男孩，她也会对他慎重考虑的。

处于热恋之中的人，要记得多利用幽默来给爱情加温，这样不但能营造出轻松愉快的氛围，还可以使爱情生活更加富有情趣。只要你能挑动幽默这根弦，便可以和你的恋人奏出一曲和谐的恋曲。

一位历史学硕士生，在热恋之时，仍然手不释卷地用功读书。

为此，女友十分不满地说：“祈求上天让我也变成一本书。”

硕士疑惑不解地问道：“为什么啊？”

女友回答：“那样你就会整日整夜地把我捧在你的手上，把我读进你的心里了。”

硕士见状，赶紧打趣地说：“那可不成，要知道，我每看完一本书都要换新的……”

女友急了，说道：“那，那我就变成你书桌上的古汉语词典！”

说完此话，她自己也不禁笑了起来。

类似的例子，古代也有。

宋代文人秦少游（秦观）与苏小妹曾有不少作诗联对的趣事，也可作为恋爱幽默的好例子。

入洞房之前，苏小妹故意刁难秦少游，于是便出上联“推门拥出天上月”，这下可把才子秦少游难住了。此时，苏东坡急中生智，将一块石块投入池中，秦少游顿时领悟，马上接出下联“投石冲开水底天”。

这种技巧型的机智幽默是很耐人寻味的。当恋爱到了一定程度，两人就会结婚。因此，洞房花烛时不妨幽默一下，以此来给爱情生活做个愉快的总结，给婚姻生活来个意味深长的开头，给幸福生活留下永不磨灭的记忆。

· 用有趣的语言抓住对方的心

恋爱的时候，双方陷入爱河，彼此都在憧憬着美好的恋情，可是约会的时候因为羞涩，两个人的交谈常常会陷入无话可说的沉默场景。要想打破约会时的沉闷气氛，开个玩笑幽默一下能够让气氛更为轻松，还能促进双方的感情交流。幽默的话语可以打开对方的心扉，使双方感情加深。俗话说："笑了，事情就好办了。"如果对方肯捧出灿烂的笑容，那下一步就容易多了。

要想拥有一个气氛浪漫融洽的约会，如何调动起交谈的气氛很重要。不要害怕对方表现出来的严肃感，也不要因为一味地害羞而错过良缘，尽量保持一颗平常心。你可以尽可能地利用一切可见的情境、可捕捉到的任何线索幽默一下，跟对方开个玩笑，双方之间的紧张情绪就会很快消散。

陈菲菲在约会地点等待她的男朋友，忽然她的眼睛被一双熟悉的大手给蒙住了。接着，她听到了男友的声音："猜猜我是谁？你有三次机会，如果三次都猜不出来的话，你就得接受我的吻。"

陈菲菲做思考状，试探地问："你是——周杰伦、王力宏，还是古天乐呢？不对不对，你一定是金城武对不对？"

话音未落，她就迎上了男友的拥抱和热吻。感情急剧升温，两人沉浸在甜蜜中。

上文中的陈菲菲故意猜不对问题，但又不会让男友不满，还获得了男友柔情蜜意的亲吻，都是幽默的功劳。心思巧妙的女人善于运用这些说话的技巧，能够让双方的感情升温，让彼此的关系更加亲近。

有的时候，约会并不总是甜甜蜜蜜或你敬我让，偶尔的打情骂俏更能够体现双方的亲密感。在约会中感到不满，可以采用委婉的方式让对方知道，一句幽默的话语不会让对方失面子，还能达到"似嗔非嗔"的效果，增进彼此的感情。

王若涵与张磊是一对恋人，他们在同一家公司上班，可是恋爱时间久了，感情也不如刚开始那么热烈了，甚至有些降温的趋势。张磊渐渐发现，王若涵和别的朋友在一起时，总是有说有笑的，很愉快，可与自己在一起时，却没有了过去的幸福甜蜜。张磊不知道哪里出了问题，但他想挽回王若涵的心。

周末，他特意邀请王若涵到公园赏花。中午，公园的鲜花被太阳晒得微微弯下腰来，张磊抓住机会对王若涵说：“若涵，你是世界上最美丽的女孩。你瞧，鲜花在你面前都自愧弗如，害羞得抬不起头了。而也只有我，才配作烘托你的绿叶。”

“那仙人掌为什么还直挺挺地站立在我面前呢？”王若涵一边用手指着仙人掌一边问张磊。

张磊顺着王若涵的问题答道：“你怎么用它来比喻呢？仙人掌呆头愣脑，皮又厚，身上还长满了刺，多让人讨厌啊！”

“是啊，你说它为什么就不知道害羞呢？”王若涵一语双关地说道。

王若涵运用了一语双关的语言技巧，明里是说仙人掌的不足，实际上是在用它隐喻张磊。一句幽默的话，既含蓄地讽刺了张磊的甜言蜜语，又委婉地指责了他在谈恋爱时呆头愣脑，没有情趣，就像仙人掌一样。王若涵这样的幽默并不显得过分，还能清楚地点出对方的不足，有助于感情朝着更加顺利的方向发展。

· 运用有趣的方式表达情感

失恋对人造成的创伤非常严重。生活中，有些人会在失恋后做出一些极端的事情，或是轻生，或是刀枪相胁，听来让人不寒而栗。可分手已成事实，你已经失去了爱情，这时请努力保全你的尊严，莫让自己输得一败涂地。

我们不能否认，失恋的确让人痛苦万分，特别在自己不想分手，而对方坚决提出分手的情况下，就更不容易释怀。这种失恋给人的感觉跟嘴里长了溃疡相差无几，越痛越想去舔舐，越舔舐就越觉得痛。即便这样，你无论如何必须记住一点，失恋可以痛苦，可以难受，但千万不要让自己失态。我们可以失去爱情，但绝不能因此在对方面前丢丑。

也许，被"甩"的瞬间让你觉得尴尬、落魄，内心更是犹如万箭穿心一般，但不管怎样，都请你不要失姿态。失意落魄不可怕，被甩、被背叛也不可怕，可怕的是你在对方面前失了尊严、失了面子，让对方暗自庆幸，觉得离开你是件正确的事情。所以，分手时请不要难过，大大方方地幽他（她）一默，无论出于真心还是假意，都送上一句“祝福”，好聚好散，让彼此拥有一个美好的回忆。

李维萍和男友相恋仅半年，男友就移情别恋，迷上了另外一个女生。为了给李维萍留些颜面，他模仿辞职信的样式，给她写了封分手信，请辞“情人一职”。李维萍看到信非常难过，但男友是自己的属下，她不想因此失态。后来，李维萍写了这样一封回信：

您好：

关于您请辞的提议，经过董事会开会讨论，将以下决议事项向您说明：因您当初面试时的职务为情人，标准要求自然很高。尽管试用期间你的表现不佳差点被开除，但念在你苦苦哀求且信誓旦旦地说明自己能够改进与胜任，才予以留任。如今您自愿请辞，董事会当然应允，但自动离职是没有遣散费的。假如您愿意，马上将您调转朋友部门，另施重用。

董事会成员代敬上

李维萍是公司女董事，而男友偏偏是其下属，如果在分手一事上有什么失态行为，日后很难在公司树立领导威严。于是，她也用回复职员辞职信的方式，给男友写了一封回信，并大方地表示可以继续做朋友，以此减轻对方的心理压力。对待分手有如此的度量，实属难得。当然，这种幽默分手的方式不是每个女孩子都可以施展自如的，但直接拿来效仿也未尝不可。就算你无法表现出李维萍的气度，也至少让对方明白你有一颗自尊坚强的心。

失恋之后，人的幽默反应一般有三种。第一种，就是宽宏大度式的幽默，就像上面这位很有决断力的女董事李维萍，她能把“被甩”这件事等同于公司日常事务一样，大脑仍能冷静地保持正常运转，做出最合宜的反应，以寻求利益的最大化。当然，这很考验一个人的理性程度，假如你不够冷静，头脑运转又有些滞后，也可以尝试另外一种途径，以自嘲为自己解决困境。

除了宽宏大度式的幽默之外，就是略带报复意味的小幽默了，分手可以接受，但会想办法让对方知道点厉害。下面给大家举个例子：

王丽丽的男友爱上了别人，提出了分手。王丽丽真诚地表示挽留，男友一点儿情面都没给她留，直接断然拒绝。几天后，王丽丽找了个借口约男友出来见面，然后大大方方地递给他一本包装精美的礼物，微笑着祝他幸福，然后潇洒地转身离开。

当然，给礼物时她要求前男友在自己离开后打开，因为那礼物是一本关于自恋的书籍。

只要你曾经认真投入到一段感情当中，分手后自然会心痛到极致，脑子里很容易产生报复的想法："我就那么好欺负？我一定要给你点儿颜色瞧瞧！"如果被这种情绪所控制，创造"恶作剧式"幽默的概率必然会高一些。

假如想让自己活得快乐、活得洒脱，我们就要学会放下一些已经不属于自己的东西。在谈及"幸福的秘史"时，著名影星英格丽·褒曼就曾幽默地说："幸福就是健康加上坏记性。"你我都免不了有失恋的经历，与其沉溺其中让自己太累，倒不如学着宽容一点儿、豁达一点儿、健忘一点儿，也许下一段幸福就在拐角处。

· 在有趣的生活中为爱情增加活力

爱是需要活力的，这种活力除了爱本身所具有的之外，还需要双方通过自身的努力去增强。在幽默中增强爱的活力是不错的选择，因为幽默能使尴尬的场面瞬间化解，使吵架的夫妻重新和好，使爱情永远保持新鲜。

所谓“一日夫妻百日恩”，夫妻之间大都不会刻意计较，也不会在意对方的借口是否恰当。所以，巧用一些听起来荒唐的幽默理由为自己辩解，要比一声不吭明智得多。

要知道，家不是讲理的地方，夫妻之间不需要过多的严肃、认真和正经的是非理论，反而是嘻嘻哈哈、胡说八道的歪理幽默必不可少。在多数幸福的家庭里，妻子或是丈夫恰恰是凭歪理、胡言的曲解幽默赢得了对方的欢心。

一天，妻子嘟囔着对丈夫说：“你看看隔壁家的先生，每回出门都吻他的妻子，你就不能学学人家？”

丈夫说道："当然可以呀！不过我现在和他家太太还不算太熟。"

妻子说："那你还记得今天是我的生日吗，为什么不给我准备一个礼物呢？"

此时，丈夫才意识到自己的粗心大意，但是他立刻说出了一句漂亮的话："亲爱的老婆，我原本不打算让你想起自己又老了一岁的。"

虽然幽默诙谐的语言不足信，却能在一定程度上消解妻子的怨气。

家庭是夫妻双方用爱情建立起来的，同时又要靠爱情来维系的栖息地。夫妻之间的是非恩怨，不能只靠某种道理就能讲清。因此，夫妻之间的某些行为也就不能轻易地用是非对错来判断，此时，歪理往往能产生幽默效果，缓和矛盾。

这么搞笑、幽默的化解方法，使这对夫妻的爱情显得那么有活力，同时足见夫妻间的感情很深。其实夫妻间调节感情的办法非常多，只要两个人用心去对待，那么什么矛盾都会被轻易化解。尤其是幽默的运用，不但能使气氛得到缓解，给人创造一种适合聆听的心境，而且能唤醒夫妻平时的默契，这种默契往往会很有效地消解矛盾。用幽默来处理夫妻间的矛盾不但效果明显，而且能让彼此间的感情更加深厚，永葆活力。

傍晚，华灯初上，一对年轻的夫妻并肩在街上散步。一路上妻子滔滔不绝，丈夫却有点心不在焉，时不时无话可答。忽然间，他打断了妻子的话："你知道你什么时候话最少？"妻子茫然地摇摇头。少顷，丈夫果断地说，"二月份。""为什么？"妻子迫不及待地问道。"因为二月份只有二十八天嘛。"丈夫说完抿嘴一笑。妻子恍然大悟，笑着捶了丈夫一拳，反驳道，"谁像你，白天说的话不如夜里梦话多哩。"

这样的幽默无疑为爱情又加了一层蜜，想没有活力都难。

有时，幽默的力量使用得十分精妙，以至于我们可能察觉不到它。但是它的确使爱人的心情愉悦，这无疑有助于爱情的升华。散文家张小娴说："两个人的结合，就像两首曲子交汇成一首，由于原先的曲调、节奏各不相同，所以需要两者的协调与合作，才能汇成一曲比之前的任何一曲都好听的音乐，如果配合不当或失误，这首曲子一定比原先任何一曲都更加糟糕。"所以这需要两个人恰当地运用幽默，使两首曲子得到完美结合，唤起爱情的活力，使家庭生活永远朝着健康、高质量的方向发展。

图书在版编目（CIP）数据

你可以成为一个有趣的人 / 苑哲著 . -- 南京 : 江苏凤凰文艺出版社 , 2019.6

ISBN 978-7-5594-3597-2

Ⅰ . ①你… Ⅱ . ①苑… Ⅲ . ①幽默（美学）– 口才学 Ⅳ . ① H019

中国版本图书馆 CIP 数据核字 (2019) 第 072995 号

你可以成为一个有趣的人

苑哲 著

责任编辑	刘洲原
特约编辑	赵璧君　申惠妍
装帧设计	山　七
责任印制	刘　巍
出版发行	江苏凤凰文艺出版社
	南京市中央路 165 号，邮编：210009
网　　址	http://www.jswenyi.com
印　　刷	北京永顺兴望印刷厂
开　　本	880 × 1230 毫米 1/32
印　　张	8
字　　数	135 千字
版　　次	2019 年 6 月第 1 版　2019 年 6 月第 1 次印刷
书　　号	ISBN 978-7-5594-3597-2
定　　价	39.80 元